一看就懂的心理学

姚章玲　编著

北京工业大学出版社

图书在版编目(CIP)数据

一看就懂的心理学 / 姚章玲编著．—北京：北京工业大学出版社，2010.2(2020.10 重印)

ISBN 978-7-5639-2274-1

Ⅰ．①一…　Ⅱ．①姚…　Ⅲ．①心理学—通俗读物　Ⅳ．① B84.49

中国版本图书馆 CIP 数据核字(2010)第 013861 号

一看就懂的心理学

编　　著：姚章玲
责任编辑：姜　山　黄维维
封面设计：尚世视觉
出版发行：北京工业大学出版社
地　　址：北京市朝阳区平乐园 100 号
邮政编码：100124
电　　话：010-67391106　010-67392308(传真)
电子邮箱：bgdcbsfxb@163.net
承印单位：北京德富泰印务有限公司
经销单位：全国各地新华书店
开　　本：880mm × 1230mm　1/32
印　　张：6
字　　数：130 千
版　　次：2010 年 3 月第 1 版
印　　次：2020 年 10 月第 3 次印
标准书号：ISBN 978-7-5639-2274-1
定　　价：35.00 元

前　言

心理学是研究人的行为与心理活动规律的科学。在很多人的心目中，心理学带着某种神秘莫测的感觉。因为它看不见、摸不着，却实实在在左右着人的命运与生活。所以，古希腊哲学家又称其为灵魂的科学。

也许在生活中，你感到男人的心理难以揣测，女人的心理复杂多变；

也许在职场中，你对上司的心理云里雾里，对下属的心理蒙在鼓里；

也许在商场中，你无法对买家的心理洞若观火，无法对卖家的心理了如指掌。

那么，了解了心理学的知识后，你就能参透其中的奥秘。这就是心理学的魅力！了解它，你就可以洞察一个人的内心世界；掌握它，你就可以引领一群人的追求；运用它，你就可以改变更多你想改变的。

比如，在众多的心理效应中，有一个著名的“破窗效应”，讲的是一个房子的窗户破了，如果没有人去修补，要不了多久，其他的窗户也会莫名其妙地被人打破；一面墙，如果出现一些涂鸦没有被及时清洗掉，很快，墙上就会布满乱七八糟、不堪入目的东西；一个很干净的地方，人们会不好意思丢垃圾，但是一旦地上有垃圾出现之后，人们就会毫不犹疑地丢弃废物，而且丝毫不会觉得羞愧。这真是很奇怪的现象！

对此，心理学家认为，任何坏现象，如果在开始时没有被遏制，形成风气后，难以纠正了，就好像河堤，一个小缺口没有及时修补，就可能崩坝，造成巨大的损失。人都有从众的心理，如果不进行正确的引导，自然会亦步亦趋。

这种效应虽然只是心理学范畴的冰山一角，但它默默地告诉我们，心理学是一种无声的力量，是一种强大的武器。只要你善于运用它、驾驭它，就可以在精神上战胜自己，在心理上鼓舞他人。心理学是一种魅力无穷的科学，是一种充满奥妙的科学。

《一看就懂的心理学》一书本着简洁明了、通俗易懂的原则，对人际交往的心理学、职场生存的心理学、投资经商的心理学、恋爱婚姻的心理学等进行了深入浅出的阐述。

本书认为，正确地了解心理学、科学地运用心理学，可以克服消极影响，正确地评价自己。如果将心理学运用到人际交往中，还可以通过他人的行为，判断其内在的心理活动，从而加深对他人的了解，获得更多的认同；如果将心理学运用到投资经商中，则可以准确地捕捉商业信息，在商场中左右逢源；如果将心理学运用在恋爱婚姻中，将会使你的恋爱生活变得更加美满，婚姻变得更加幸福……

本书在编写的过程中，参考了大量国内外心理学书籍，限于篇幅，恕不一一罗列，在此，谨向各位专家致以衷心的感谢。此外，本书内容虽然经过反复推敲、仔细斟酌，但存在疏漏不当之处在所难免，欢迎阅读本书的广大读者不吝指正，以便我们不断改进。

目 录

第一章

人际交往的心理学

在人际交往中，不仅要听其言，还要观其行。因为，人的内心活动是极为复杂的。只有洞悉他人的心理，做恰当的事，说恰当的话，才能使你的人脉变得越来越广，朋友变得越来越多。

与人为善，赠人玫瑰手有余香

人间充满着许许多多的因缘，生活中的每一个善举都可能将自己推向另一个高峰，让自己收获一些意想不到的东西。与人为善，就是与己为善。不要轻视任何一个人，也不要疏忽任何一个可以助人的机会，学习对每一个人都热情相待，学习做每一件事都精益求精，学习对每一个机会都充满感激。

古人云，善人者，人亦善之。美国耶鲁大学研究专家曾对7000多人进行了跟踪调查，结果表明，凡事与人为善的人死亡率明显偏低。

现代医学研究认为，人在做善事时，体内会产生一种天然镇静剂——内啡肽。它通过细胞膜上的受体，使人产生愉悦之感。同时，乐善好施的行为还可能激发众人的感激、友爱之情，为善者因为赢得了人们的好感与信任，从而内心获得温暖与满足感。当一个人对弱者或陷于困境的朋友伸出援手时，他心中就会涌出欣慰之感；当一个人坚信自己于他人有助益时，他将更积极向上。正所谓"情舒而病除"。与人为善，不只是自我完善的催化剂，同时更是身心健康的营养素。

纽约心理治疗中心的负责人表示，现代心理学上最重要的发现就是：必须要有自我牺牲精神和自我约束能力，才能真正了解自我，并感到快乐。助人为乐是获得好人缘的最佳途径，它能够最大限度地帮助自己和他人减少痛苦、增进幸福。

有付出才可能有回报，有耕耘才可能有收获，今天的收获很可能就是你昨日耕耘的结果，人与人之间的关系也是这样。只要你善待周围的人，在别人困难之时及时伸出援手，你的真心付出就一定会结出令你惊喜的果实。真心帮助他人不应是一时兴起，而应是你一以贯之的做人态度和长期坚持的习惯。

有一对老夫妇在一个风雨交加的晚上来到一家旅馆，但却被一位年轻的服务生告之客房已经满了。老先生无奈地告诉服务生："我们是从外地来的游客，人生地不熟，现在还下着大雨，真不知道怎么办！"

现在是旅游旺季，即使想在附近其他旅馆订到客房，也不是一件容易的事，更何况，外面还下着倾盆大雨。年轻的服务生不忍心让两位老人重新回到雨中去，便说："如果你们不嫌弃的话，可以住在我的房间里。"

"这太打扰你了！"

"我今天值夜班，明天早晨才能休息，请放心，你们不会给我造成任何不便。"

服务生边说边将酒店的值日表拿给老人看，以打消他们的顾虑。老夫妇高兴地答应了。

第二天早上，他们想给服务生付房费，服务生婉言谢绝。老先生感叹道："你这样的职员是任何老板都梦寐以求的，我将来也许会为你建一座旅馆。"服务生笑了笑，他以为这只是一个玩笑。

过了几年，服务生忽然收到那位老先生的来信，邀请他到美国曼哈顿，并附上了往返机票。到了曼哈顿，老先生将他带到一幢豪华的建筑物前面，说："这就是我专门为你建造的饭店。"许多年过去了，这家饭店发展成为今日美国著名的饭店，而这个年轻的服务生就是该饭店的第一任总经理。

这位服务生因为一个小小的善举，就让他的人生改变了轨道，为他的人生创造了一个神话。所以说，与人为善，就是与己为善。人间充满着许许多多的因缘，每一个因缘都可能将自己推向另一个高峰，不要轻视任何一个人，也不要疏忽任何一个可以助人的机会，学习对每一个人都热情相待，学习做每一件事都精益求精，学习对每一个机会都充满感激。

助人为乐的时候，我们会感到快乐、欣慰和自豪，这些积极的情绪和情感都是人的心理机制正常运转所必需的润滑剂。很多人却很难友善地对待他人，他们往往习惯于只对对自己有用的人付出，而对另一些被他们视为无关紧要的人冷眼相待。殊不知，也许冷漠就使他们错失了一次收获惊喜的机会。

当我们的注意力集中于思考能为别人做点什么而不是能够索取点什么的时候，其实我们已经得到了最丰厚的回报：感激、快乐、友谊……

与人为善是做人的一种积极、有意义的行为，它可以为你创造和谐的人际关系，使自己拥有一个发展个性和创造力的自由空间，并让你享受到一种施惠于人的快乐，有助于你的身心健康。

赠人玫瑰之手，经久犹有余香。我们每个人都会遇到挫折和不幸，都有过痛苦、悲伤和沮丧的时候，也都有过无奈、孤独、彷徨的经历。那个时刻，我们需要的是什么呢？是理解，是抚慰，是关怀，是一种人间的真情。

“赠人玫瑰”对于你来说，也许只是举手之劳，不需要付出多大的代价，也许只是不经意之举，并未想到有什么回报，但在别人心中已经盛开了鲜艳、动人的玫瑰，指引着他的人生帆船执着地驶向光明的彼岸。

得理饶人，让怨恨无处遁形

俗话说："饶人一条路，伤人一堵墙。"得饶人处且饶人，你可能就多了一个朋友，也可能因此就多了一条通往成功的路；如果你以眼还眼、以牙还牙，缺少宽容之心，那么在你通向成功的道路上，也可能就增加了一堵厚厚的高墙。

希腊神话故事中有位英雄大力士，叫海格力斯，一天，他走在坎坷不平的路上，看见脚边有个像鼓起的袋子样的东西，很难看，海格力斯便踩了那东西一脚。谁知那东西不但没被海格力斯一脚踩破，反而膨胀起来，并成倍成倍地胀大，这激怒了英雄海格力斯。他顺手操起一根碗口粗的木棒砸那个怪东西，好家伙！那东西竟膨胀到把路也堵死了。海格力斯奈何不了它，正在纳闷，一位圣者走到海格力斯跟前对他说："朋友，快别动它了，忘了它，离它远去吧。它叫仇恨袋，你不惹它，它便会小如当初；你若侵犯它，它就会膨胀起来与你敌对到底。"仇恨正如海格力斯所遇到的这个袋子，开始很小，如果你忽略它，矛盾化解，它就会自然消失；如果你与它过不去，加恨于它，它便会加倍地报复。

"以眼还眼，以牙还牙"，"以其人之道，还治其人之身"，"你跟我过不去，我也让你不痛快"，这种人际间或群体间存在的冤冤相报、致使仇恨越来越深的社会心理效应就是著名的海格力斯效应，它的心理学原理是：人际交往中由于一方给予另一方奖惩、恩怨，另一方就产生相应的奖惩、恩怨，交换造就的效应即为人际互动效应。这种交换与互动，可以是积极、肯定的，也可以是消极、否定的。以社会学的角度来阐释就是：你对我有帮助，我自然也会帮助你；如果你跟我过不去，我也让你不痛快。

宽容是一种美德，也是让自己获得更多快乐的秘方。它不仅仅给了别人一次弥补过失的机会，也给了自己一次放下愁苦的机会。因为只有宽容，才能化解你心中的仇恨，才能冰释你与他人的隔阂。宽容，不仅是一种社交的艺术，更是一种为人的度量。

南非的民族斗士曼德拉，因为领导反对种族隔离政策的运动而入狱，白人统治者把他关在荒凉的大西洋小岛——罗本岛上 27 年。当时尽管曼德拉年事已高，但是白人统治者依然对他进行残酷的虐待。

罗本岛位于开普敦西北方向约 11 公里。岛上布满岩石，到处都是海豹、蛇及其他动物。曼德拉被关在总集中营一个“铁皮房”里，白天有时打石头，将从采石场采的大石块碎成石料，有时从冰冷的海水里捞海带，有时还做采石灰的工作。他每天早晨排队到采石场，然后被解开脚镣，下到一个很大的石灰石田地，用尖镐和铁锹挖掘石灰石。因为曼德拉是要犯，专门的看守就有三人，他们对他并不友好，总是寻找各种理由虐待他。

当 1994 年曼德拉出狱当选总统以后，他在总统就职典礼上的一个举动震惊了整个世界。

总统就职仪式开始时，曼德拉起身致辞。他先介绍了来自世界各国的政要，然后他说，虽然他深感荣幸能接待这么多尊贵的客人，但他最高兴的是，当初他被关在罗本岛监狱时，看守他的三名前狱方人员也能到场。曼德拉邀请他们站起身，以便他能介绍给大家。

曼德拉博大的胸襟和宽容的精神，让那些残酷虐待了他27年的白人无地自容，也让所有到场的人肃然起敬。看着年迈的曼德拉缓缓站起身来，恭敬地向三名曾经看守他的人致敬，在场的所有来宾以至整个世界，都静了下来。

曼德拉说："我以前脾气很暴躁，但正是在狱中学会了控制情绪才活了下来。牢狱岁月给我的激励，让我学会了如何处理自己的遭遇和痛苦。感恩与宽容经常是源自痛苦与磨难的，必须以极大的毅力来训练。当我走出囚室、迈过通往自由的监狱大门时，我已经清楚，自己若不能把悲痛与怨恨留在身后，那么我其实仍在狱中。"

憎恨，会使人一再地沉浸在痛苦的深渊中。如果憎恨持续在心里发酵，可能会使人的行为越来越极端，后果很可能会很严重。斤斤计较、得理不饶人只会把小事弄大，甚至弄到不可收拾的地步。得理饶人是一种美德、是一种修养、一种气度、一种德行，更是一种处世的学问。

人际交往中，磕磕碰碰是很正常的，但常常就此怨恨别人却是极为不正常的，也是危险的。怨恨是一种心灵毒素，它不但使你的人际关系恶化，还能让你心智弱化、情绪波动、精神压抑，严重时可以使你的心理与行为反常，甚至丧失理智。

鲍勃·胡佛是一位著名的试飞员，并且常常在航空展览中表演飞行。一天，他在圣地亚哥航空展览中表演完毕后飞回洛杉矶，但在空中300米的高度，两个引擎突然熄火。由于技术熟练，他操纵飞机着陆，但是飞机严重损坏，所幸的是没有人受伤。

在迫降之后，胡佛的第一个行动是检查飞机的燃料。正如他所预料的，他所驾驶的螺旋桨飞机，居然装的是喷气机燃料。回到机场以后，他要求见见为他保养飞机的机械师。那位年轻的机械师为所犯的错误感到极为难过。当胡佛走向他的时候，他泪流满面。他非常内疚，因为他使得一架非常昂贵的飞机报废了，差一点还使三个人失去了生命。

你也许认为这位极有荣誉心、事事要求精确的飞行员必然会痛斥机械师的疏忽。但是，胡佛并没有责骂那位机械师，甚至没有批评他。相反，他用手臂抱住那个机械师的肩膀，对他说："为了表示我相信你不会再犯错误，我要你明天再为我保养飞机。"

如果胡佛大发雷霆，事故就能挽回吗？既然不能挽回已经造成的错误，何不试着宽容呢？忍让和宽容说起来简单，可做起来并不容易。因为任何忍让和宽容都要付出代价，甚至是痛苦的代价。

人的个人利益常常受到他人有意或无意的侵害，为了培养和锻炼良好的心理素质，你要勇于接受忍让和宽容的考验，即使感情无法控制时，也要闭紧自己的嘴巴，管住自己的大脑。忍一忍，就能避免急躁、鲁莽、冲动行事。给自己找出一条能促使自己心理平衡的理由，说服自己，就能化解忍让的痛苦，使自己变得宽容和大度起来。

宽容和刻薄是两种截然不同的处世态度，当然也能对你的心情和人生产生迥然不同的影响。宽容是君子式的，刻薄是小人式的。宽容者让别人愉悦，自己也快乐；刻薄者让别人痛苦，自己也难受。由此可见，宽容不但表现为一种胸怀，也表现出一种睿智；刻薄不但表现为一种狭隘，也表现出一种愚昧。宽容失去的只是过去，刻薄失去的却是将来。

马克·吐温曾说："紫罗兰把它的香气留在那踩扁了它的脚踝上，这就是宽恕。"饶人一条路，伤人一堵墙。得饶人处且饶人，你可能就多了一个朋友，也可能因此就多了一条通往成功之路；如果你以眼还眼、以牙还牙，缺少宽容之心，那么在你通向成功的道路上，也可能就增加了一堵厚厚的高墙。面对怨恨，善待对方才是做人的最高境界。

良好的人际关系，是走向成功的捷径

一位在商界颇有建树的商人曾说："人际关系就像播种一样，播种越早，收获越早；撒下的种子越多，你收获的也越多。"良好的人际关系会帮助你更容易地走向成功，有时候朋友的一句话就能帮助你扭转乾坤。但紧张的人际关系，则会使你每前进一步都困难重重。

人出生以后就开始了人际交往，个体在与家人、朋友、同事的交往中，积累了社会经验，学会了社会生活所必需的知识、技能、态度和伦理道德规范，从而取得社会的认可，成为一个社会化的人。而脱离了人类社会的个体，身心会遭受到严重的打击，甚至难以成为真正意义上的人。

1920 年，印度发现了一个名叫卡马拉的狼孩。卡马拉出生后就脱离了人类社会，和狼生活在一起。当她回到人类社会时已经 8 岁了，她不会说话，只会号叫，而且智力低下。虽然经过科学家们的悉心照料，但是令人失望的是，她还是不能实现人的社会化。一直到她 17 岁生命耗尽的时候，她依然没有学会人类语言，她的智力水平仅仅相当于4岁的幼童。

人是感情动物，必须时刻进行感情上的交流，需要获得友谊。在迈向成功的道路上，要想坚持到底，仅仅依靠信念的支撑是远远不够的，良好的人际关系会使你获得一种强大的力量和热情，在失败的时候能得到鼓励和安慰，在成功的时候得到分享和提醒。

一位在商界颇有建树的商人曾说："人际关系就像播种一样，播种越早，收获越早；撒下的种子越多，你收获的也越多。"良好的人际关系会帮助你更容易地走向成功，有时候朋友的一句话就能帮助你扭转乾坤。但紧张的人际关系，则会使你每前进一步都困难重重。可见，交际对于每个人来说都很重要。

丹尼尔是美国某州唯一的黑人眼科医生，在该州是相当有名望的人物。这位相当吸引人的年轻人是如何建立自己的声望的呢？

他知道声望是无法借报纸、广播来提高的，于是，他便选择了为公众服务的方式。果然，这种方法使他深得人心，也使他的事业走上了康庄大道。

丹尼尔的事业从他21岁时开始。他的第一个工作就是整理出所有曾经交往过的朋友名单，同时加入该城的黑人团体。不久，他便当上黑人协会领袖，并且连任两届。

他一度在黑人学校及业余剧团中十分活跃，还经常参加体育、宗教及其他各类联欢会。他抽空把到国外旅游时的所见所闻制作成幻灯片展示给大家看，这个举动使他与大家的心更贴近了。

他的生活忙碌而多彩，但他仍然能抽出时间扩大自己的交际圈。那么，他对于参与社交活动的看法又如何呢？他的说法是："能多参与社会性工作，被人们信赖的机会就较高，就随时有可能把自己推销出去。”

就是这样，丹尼尔在极短的时间内得到了大众的尊敬与信赖，此后，他的生活更为丰富，工作也更加顺手，他极高的声望可以说是其不断扩大交际范围的结果。

在社会交往中，一个人能否和他人建立良好的人际关系，关键在于其是否具有积极的、良好的心理状态。这种心理状态的形成和保持，一方面源于能否客观地评价自我，另一方面源于接纳自我。

人际交往是人类特有的需要，一个人要想成就事业，就要善于沟通，建立和谐、良好的人际关系，就必须和他人进行交往。人际交往是人们生活中非常重要的组成部分，其质量的高低直接影响人们身心健康水平，影响到人格的形成、发展与完善，影响一个人的全面发展。

交流思想，一个头脑就有了多种思想；分享快乐，快乐就会加倍；分担忧愁，忧愁就会减半。每个人都是一个独特的生命个体，必然知道一些别的个体所不知、不会的东西，而善于从每一个人身上学习自己所不知不会的东西，我们才能不断地进步。

人际交往不仅有益于心理健康，也是人所必需的，而孤独则会使人发生精神上的病变。人们通过相互交往，彼此诉说各自的喜怒哀乐，增进相互之间思想、情感的交流，在此基础上，产生友爱、互助、快乐、依恋之情以满足其归属和安全的需要。

不管你未来选择的道路如何，创造良好的人际关系都会给你带来一定的益处。人际交往为人们提供了这样的可能，即让你结识他人，也让他人认识你，当彼此的品行、才干、信息得以相互了解的时候，这种交往就可能结出两个甜美的果实：亲密的友谊和获得发展的机遇。这样，成功离我们就更近了！

别张扬，少谈自己的得意之事

人生在世，难免有婚姻失败、事业受挫的时候，所以在他人陷入生活的低谷时，千万不要将自己的成就摆出来炫耀。否则，你最终将孤立无援，甚至引起别人的厌烦，渐渐与你疏远。

刘墉曾在《萤窗小语》中说道："得意事，最不堪谈论。得意时，勿谈得意事，以免给人骄傲的感觉；失意时，勿谈从前的得意事，以免落人讪笑。得意人前勿谈得意事，免得毫无反应；失意人前勿谈得意事，免得予人伤害。"

生活中，有些人总认为自己比别人技高一筹，事事比人强，在与人交谈时，交谈的话题总是围绕着自己，包括自己的性格、爱好、对一些事情的观点。他们就总喜欢把自己得意的事挂在嘴上，逢人便夸耀自己如何如何能干，如何如何富有，完全不顾及别人的感受，甚至没有顾及当时的倾听者是不是一个正处于人生低谷的人。

这些人一般主观意识强烈，总愿意公开表示自己的特点和长处，他们喜欢被人关注，被人了解，希望能在交际中处于焦点位置。他们夸夸其谈后总以为就能够得到别人的敬佩与欣赏，而事实上，别人并不愿意听你的得意之事，自我炫耀效果往往是适得其反。

诚然，人在得意之时难免有张扬的欲望，但是谈论你的得意事，也要注意场合和对象，不能对失意的人谈。因为失意时的人最脆弱，也最敏感，你的谈论在他听来都充满了嘲讽的味道，会让失意的人感到你“看不起”他。因为，你所谈论的得意事，对大部分失意的人来说是一种伤害。

一般来说，人炫耀无非是想从别人的赞扬声中获得自我的肯定，但炫耀很少能有好的结果，除了招致别人的眼红和妒忌之外，有时还会带来阻挠和他人的暗算。

小刘在刚调到市人事局的那段日子里，在同事中几乎一个朋友也没有，他自己也搞不清是什么原因。

原来，小刘认为自己正春风得意，对自己的机遇和才能满意得不得了，几乎每天都使劲向同事们炫耀他在工作中的成绩，炫耀每天有多少人请他帮忙，等等。同事们听了之后不仅没有人分享他的“得意”，反而还极不高兴。

后来，还是他当了多年领导的老父亲一语点破，他才意识到自己的症结到底在哪里。以后，每当他有时间与同事闲聊的时候，总是让对方把自己的得意炫耀出来，与其分享，久而久之，他的同事们都成了他的好朋友。

懂得为人处世之道的人都知道，千万别将得意之事在那些此时正处于人生低谷的人面前显露，只有这样你才不会伤害他人，也不会伤害自己。反之，当你太张扬自己的得意时，就会招来别人的怨恨。因为你拿自己的成功来对比他的失败，最起码，他会认为，他输给了你。

人生在世，难免有婚姻失败、事业受挫的时候，所以在他人陷入生活的低谷时，千万不要将自己的成就摆出来炫耀。不要太过张扬，否则，你最终将在交往中使自己孤立无援，甚至引起别人的厌烦，渐渐与你疏远。

在别人面前一定要多一点谦虚，少一点炫耀，尤其不能在失意者面前炫耀你的得意，因为你的得意往往会衬托出别人的失意，甚至会让对方认为你炫耀自己的得意之事便是嘲笑他的无能，让他产生一种被比下去的感觉，因而更加恼火，甚至讨厌你。在朋友面前，千万不要炫耀自己的得意，没人愿意听这样的消息。如果你只顾炫耀自己的得意事，对方就会疏远你，于是你不知不觉中就失去了一个朋友。

聪明的人会将自己的得意事放在心里，而不是放在嘴上，更不会把它当作炫耀的资本。当你和朋友交谈时，最好多谈他关心和得意的事，这样可以赢得对方的好感和认同，从而加深你们之间的感情。

英格丽·褒曼在获得两届奥斯卡最佳女主角奖后，又因在《东方快车谋杀案》中的精湛演技获得最佳女配角奖。然而，在她领奖时，她一再称赞与她角逐最佳女配角奖的佛伦汀娜·克蒂斯，认为真正获奖的应该是这位落选者，并由衷地说："原谅我，佛伦汀娜，我事先并没有打算获奖。"

褒曼作为获奖者，没有喋喋不休地叙述自己的成就与光辉，而是对自己的对手推崇备至，极力维护了落选对手的面子。无论谁是这位对手，听到这话都会感激褒曼的，这实在是一种文明的举动，更是一种优雅的风度。

失意者的心灵最为脆弱，也最敏感。你的高谈阔论在他听来充满了讽刺和嘲弄的味道。听了你的得意之言后，失意者普遍会有一种愤恨的心理。当你说得口沫横飞、满面春风时，说不定你就已经在失意者心中埋下一颗炸弹，说不准什么时候会爆炸。

但是，失意者对你的愤恨也不会马上就显现出来，因为现在的他还无力反击，但他会通过各种方式来泄恨。比如说，说你坏话、扯你后腿、故意与你为敌，他们心想着看你能得意到什么时候。最明显的就是疏远你、避免和你碰面，于是你在不知不觉中就失去了一个好朋友。

如果一个人经常在别人面前高谈阔论自己的得意之事，从表面上看，他似乎赢得了他人的羡慕和夸奖，但实际上他将会变得越来越不受欢迎，因为别人很容易将他的自我炫耀理解成为嘲笑别人无能，特别是失意的人，面对他人的自我炫耀会更加恼火，甚至发展成憎恶。随意自夸是不会做人者的通病，常会因此坏事。只有改变这一点，才有可能真正被人接纳，找到成事的“切入点”。

“闲时多烧香”，急时有人帮

人的境遇是千变万化的，英雄落难，壮士潦倒，都是常见的事。当他落难的时候，正是对周围朋友的一个考验，此时离他远去的人也许从此就会形同陌路，而在此时扶他一把的人，一旦他功成名就，第一个想到的人说不定就是你。

古人用“三十年河东，三十年河西”来形容一个人地位的变迁。没错，世事沧桑多变，人生起起伏伏，下一步会出现什么，实难预料。昨天权贵可能今天就沦为平民，今天毫不起眼的人说不定明日就会成为成功人士。所以，不要轻视那些落魄的人，积累人脉需要把目光放长远点，平时多拜“冷庙”，“闲时多烧香”，到了急时定会有人帮。

然而，很多人却不懂得这个道理，即使懂得这个道理却嫌“长期投资”见效太慢，一旦有事了才想起去求别人。殊不知，事到临头再来“抱佛脚”往往来不及，效果也不见得好。还有一种人就是对“冷庙”认识不够，总认为“冷庙”的“菩萨”不灵，所以才成为“冷庙”。其实英雄落难、壮士潦倒，都是常见的事。只要有机会，一个穷途末路的人仍可能一飞冲天。

现在，人们的心理总是更乐于向那些已经成功的人身边靠拢，然而，在这种情况下结识的朋友通常不会有多深的感情。但如果你能在对方落魄之时，在别人都纷纷唯恐避之不及的情况下，主动上前靠拢，这一定会令对方心存感激，把你当作值得交往一生的朋友来看待。

帮助那些暂时的穷困潦倒者，叫作“冷庙烧香”。这种结交暂时走“背运”的人物、投资眼前不见利益的人情，都是为人做生意的大手笔，若非大智慧是无法做到的。

之所以要选择平常没人去的冷庙烧香，是因为热庙烧香的人太多，菩萨的注意力分散，你去烧香，也不过是众香客之一，显不出你的诚意，菩萨对你也不会有特别的好感。所以一旦有事求它，它对你也只以众人相待，不会特别照顾。但冷庙的菩萨就不一样了，平时冷庙门庭冷落，无人礼敬，你却很虔诚地去烧香，菩萨对你当然特别在意。日后有事去求它，它也会特别照应。如果有一天风水轮换，冷庙成了热庙，菩萨对你还是会特别看待，不把你当成趋炎附势之辈。

柏顿是一名年轻的律师，他成立了一个律师事务所，专门受理移民的各种事务和案件。创业初期，柏顿吃尽了苦头，穷得连一台复印机都买不起，但是在他的努力下，他的律师事务所在当地开始有了名气，财富也接踵而来。

可是，天有不测风云，正当他事业如日中天的时候，一念之间他将所有的资产都投资于股票，并且几乎全部亏尽。更不巧的是，由于美国移民法的修改，职业移民名额削减，他的律师事务所也门庭冷落。最后，他破产了。

柏顿一下子又回到了一无所有的地步。正在他为自己的生计发愁的时候，他意外地收到了一位公司总裁寄来的信，信中说他愿意把公司30%的股份无偿赠送给他，并且旗下的两家公司随时都欢迎他做终身法人代表。

柏顿简直不敢相信自己的眼睛，天下有这样的好事？还是谁在和自己开玩笑？不管怎么样，他决定弄个明白。他按照信封上的地址来到了这家装修很气派的公司，接待他的是一位中年男人，想必他就是给他写信的那位总裁了。

柏顿有点疑惑了，他确信自己并不认识这个人。那位中年男人微笑着看着他说："还认识我吗？"柏顿摇摇头。只见那人从硕大的办公抽屉中拿出一张皱巴巴的5美元汇票和一个写有柏顿名字和地址的名片。柏顿确信那是自己的名片和笔迹，但是他还是想不起在什么时间和地方与这个先生见过面。柏顿说："很抱歉，先生，我真的记不起来了。"

那位总裁说："13年前，我来到美国时，准备用身上仅有的5美元去办理工卡，但当时我不知道工卡已经涨到了10美元，当排到我的时候。办事处快下班了，但当天如果我没办上工卡，那么我在公司的位置将会被别人顶上，而此时你从身后递过来5美元，当时我让你留下姓名、地址，以便日后把钱奉还，所以你留下了这张名片……"

柏顿渐渐想起这事了，问道："后来呢？""不久我在这家公司连续申请了两个专利，事业发达起来。其实我到美国之后工作、生活经历了许多的磨难和冷遇，是你这5美元改变了我对人生和社会的态度。”

人情就是这个道理，最忌近利，你若想多结交一些牢靠的关系，必须在平时就去“冷庙里烧香”，这样等穷困潦倒的英雄一飞冲天时，他就会主动把欠你的人情还给你。寸金之遇，一饭之恩，都可以使他终生铭记，日后如有机会，他一定会奋身图报。

即使你现在不需要他人或者他人的帮助，你也有必要和他们保持联系。如果你只在需要他们支持、帮助的时候，或者需要他们为你引荐的时候才想起与他们联系，那么很快对方就会明白，你只是在利用他们，这样做非但不能和他们建立起良好的关系，还容易损害你们已经建立起来的关系。

苏羽是一个业务员，他每个季度都会给客户寄一些东西。他给他们寄去的不是销售广告信息，而是一些其他与客户有关的信息。比如，他从报纸或杂志上看到一篇和他的客户有关的文章，可能是关于他们所处的行业的，他认为他的客户会对此感兴趣，于是就把文章寄给他们。在客户生日的时候，他会给他们打电话，而且会寄生日贺卡。通过这些业务之外的联系，苏羽和他的客户一直维系着良好的关系，当苏羽有事找他们时，他们总是乐于合作，而且也心甘情愿地为苏羽介绍更多的生意。

苏羽有一个客户，他只能在每年8月中旬开始到9月底的这段时间里见到他，因为那是客户的公司准备财务报告的时期。

苏羽有一天忽然心血来潮，邀请了那位客户一起吃午饭。他回忆说："我们一点也没谈生意上的事情，但我发现，我们两个人都喜欢某位作家。之前，我发现了一位新作家，他的作品和我们喜欢的作家的作品风格相近，在我家里有这位作家的书，我想把它送给那位客户以示友好。我把书带到办公室，包装好了以后寄给了他。"后来，他们两个又经常在一起谈论这个作家以及其他的一些话题。令苏羽没想到的是，他从这个客户这里竟然又接到了很多生意。尽管那次午餐纯属苏羽无意中想到的，却为他的业务带来了大量契机。

关系的建立和发展有其自己的规则。你和他人的关系持续的时间越长、联系越多，关系也就越深厚，你所得到的益处也就越多，而且积极的、牢固的关系包含着给予和收益的双重内容，如果你在不需要对方的时候还是持续保持与他们联系，那么当你真的需要他们的帮助时，他们也很乐意为你施以援手。

帮助别人渡过难关，为别人雪中送炭，危难时拉人一把，是感情投资的最好时机。为受窘的人说一句解围的话，为沮丧的人说一句鼓励的话，为疑惑的人说一句提醒的话，为自卑的人说一句让他自信的话，为痛苦失意的人说一句安慰同情的话，这远比锦上添花作用还大。只有真正的朋友才经得住时间、危难、利益、世态炎凉的考验。

如果能在对方处于逆境时给他一点帮助，那是最容易收到成效的。因为逆境时的交往，需要的是真诚，你帮助了他，他会感激你的关爱提携；即使你帮不了他，只要你的心意尽到，他也会感激你心中有他这个朋友，以后共事也就容易多了。但是人在顺境时就不同了，他正春风得意，你的关注和别人的一样，都是锦上添花，也就无足轻重了。

要想让朋友在关键时刻能出手帮你，那么最好的办法就是“冷庙烧香”，在他背运走下坡路、其他人都弃他而去时前去结识他，这样日后他东山再起时，你就是他的座上宾了。

幽默，让你的智慧展露无遗

幽默是一种智慧的表现。适当的幽默会让你看起来更加可爱，更加有个性。富有幽默感的人会让大家很容易地感受到你的亲和力，种种隔阂也会在笑声中随之消失，在笑声中拉近大家的距离，使你备受欢迎。

大家都有这样的体会，和幽默风趣的人相处，会觉得非常轻松愉快，气氛融洽。枯燥的会议，因他在而谈笑风生；朋友聚会，因他而红火热闹；面对拘谨的下属，他妙语解颐，缓和其紧张的心情；假如是参与紧张的商业谈判，在激烈的讨价还价之余，他来点儿幽默，将有助于顺利地达成协议。

著名心理学家弗洛伊德说过：笑能给予我们精神快感，它把一个充满能量和紧张度的有意识过程转化为一个轻松的无意识过程。弗洛伊德不仅为我们揭示了幽默所能起到的作用——产生快感，也说明了幽默产生的心理机制——即从紧张到轻松的心理能量集中和释放的过程。

一些科研机构表示，幽默可以使许多患者全身肌肉得到松弛，解除烦恼和内心抑郁的心理状态，从而更有利于疾病的治疗。有人善于运用幽默的语言行为来处理各种关系、化解矛盾、消除敌对情绪，他们把幽默作为一种无形的保护伞，使自己在面对尴尬的场面时，能免受紧张、不安、恐惧、烦恼的侵害。

幽默是一个人具有智慧、教养和道德上优越感的表现。马斯洛在他的非正式研究中曾指出，十分完善的、毫无恶意的幽默感是自我实现者的积极特征。在人际交往中，幽默、诙谐的人几乎总是受到人们的喜爱和欢迎。幽默的人往往具有极大的人格魅力，自我实现者不会开伤害或贬低他人的玩笑。所以，他们往往利用自嘲来表达自己的感情。

美国著名演说家罗伯特，头秃得很厉害。在他60岁生日那天，有许多朋友前来给他祝贺生日，妻子悄悄劝他戴顶帽子，哪知罗伯特大声地说："我的夫人劝我今天戴顶帽子，可是你们不知道秃头有多好，我总是第一个知道下雨的人！"这种幽默的自嘲使聚会的气氛一下子变得轻松起来。

林肯相貌丑陋，但他不但不忌讳这个，有时候还会拿自己的长相问题幽默一把。在他竞选美国总统的时候，他的对手攻击他两面三刀，搞阴谋诡计。林肯听了后，指着自己的脸说："那么就让公众来评判吧，如果我还有另一张脸的话，我会用现在这一张脸吗？"还有一次，一个反对林肯的议员，走到林肯面前挖苦地问道："听说总统您是一位成功的自我设计者？""不错，议员先生。"林肯点点头说道，"不过我还是有点不明白，一个成功的自我设计者，怎么会把自己设计成这般尊容呢？"

风趣、幽默的语言可以帮助人们解决生活中遇到的难题，也可以为人平息泛起涟漪的心湖。如今，生活、工作的节奏加快，人们的神经时时刻刻都绷得紧紧的，如果能充分利用诙谐、风趣幽生活一默，疲劳和烦恼就烟消云散了。

幽默反映了人对生活积极乐观的态度，反映了人的同情心和爱意，反映了人审美情趣的高尚，反映了人的知识和修养的富有。幽默，以它的机智、诙谐、含蓄、风趣给人以智慧的启迪和美的享受，能使气氛一下子变得愉快而轻松，能使一触即发的对立冲突变得和谐与融洽。在交际中，幽默的人总是讨人喜欢、受人欢迎的。

有时你会处在一种相当尴尬的境地，备受他人攻击与恶意侮辱。你可能惊慌失措，或者生气愤怒，也可能十分沮丧。这种失败而无助的情绪可能使你失去思考能力，无法控制自己的情绪，还可能导致你的精神处于消极、抑郁苦闷的状态，使你无法从遭受侮辱的境地中解脱出来。实际上，在这种时候，客观情况的严酷更加需要你把自己思维的潜在能量充分调动起来，运用幽默的语言做出超常的发挥，通过讽刺给对方以恰当的反击。

有一天，德国著名诗人歌德在公园里散步，正好与经常抨击他的人狭路相逢。真是仇人相见，分外眼红，那人站在歌德面前毫不让步，并且傲慢地说："我是从来不给蠢货让路的。"听到这样无礼、具有挑衅意味的话，歌德不仅没有恼怒，反而用自嘲的话语笑着说："我倒正相反。"说完就给那人让开了路。

惠普公司的前任女掌门在一次重要的谈判中，扣子掉了一粒，衣服不慎裂开了。这情形让自己和对方都很尴尬，于是，她便幽默了一把："时代的快速发展要求我们跑步前进，当我想解开衣服奔跑时，发现自己竟然没有穿运动短裤。好吧，那就让我们赶紧结束眼下的谈判，好让我回家换衣服。"

男人的幽默感可以夸张诙谐，女人的幽默感则是俏皮风趣，如跳跃的音符，活泼可爱。幽默是一种智慧的表现，适当的幽默会让你看起来更加可爱，更加有个性。富有幽默感的人会让大家很容易地感受到你的亲和力，种种隔阂也会在笑声中随之消失，在笑声中拉近大家的距离。

幽默具有神奇的魅力：它可以使愁眉展开，也可以使人破涕为笑，可以为孤僻者增添情趣。幽默是避免人际冲突，缓解紧张局势的灵丹妙药。生活中要多笑，偶尔地幽上一默，既可以给他人带来欢乐，也可以使自己心境坦然。

幽默是生活的调味品，是一种美丽的"转化剂"，它可以使烦恼化为欢乐，使痛苦变为愉快。因此，生活中不可缺少幽默。要培养自己形成幽默的性格，无论面对什么样的困境和挫折，我们都不妨来点幽默。而保持开放的心态则是培养幽默性格的基础，经常保持乐观向上的心态，热爱生活，热爱生命，热爱大自然，珍惜友情、亲情、爱情，就能心情愉快，心怀坦荡。这样，烦恼、忧愁就会远离你。

好人缘，和谐人际关系的润滑剂

在人际交往的认知过程中，人们往往存在着一种倾向，即对于自己较为亲近的对象就会更加乐于接近。人们在潜意识里会把那些看起来比较容易接近的人当作自己人，认为可以与之进行轻松的交谈，进而给予信任。

人缘，其实就是指一个人的人际关系。一个人是否有好人缘，直接影响到工作、学习、生活顺畅与否，更关系到办事能不能顺利。

人们乐于接受一个人，并愿意与之交往，我们就说这个人有人缘。据国外研究表明，受人欢迎的人一般具有如下特征：善于聆听，尊重别人的隐私，不过分谦虚，犯错误时勇于承认并坦诚道歉，不为自己不当的行为找借口，不过分讨好别人，珍惜自己和别人的时间。

心理学家认为，人缘好的人，他们会在有意或无意中利用心理学上的“亲和效应”。人们都喜欢待在熟悉的环境里，和熟悉的、和善的人成为朋友，这不仅让人们觉得有安全感，而且这种氛围更具感染力。

在人际交往的认知过程中，人们往往存在着一种倾向，即对于自己较为亲近的对象就会更加乐于接近。人们在潜意识里会把那些看起来比较容易接近的人当作自己人，认为可以与之进行轻松的交谈，进而给予信任。

人缘不好，主要是由于EQ（情商）较低，不善于管理控制自己的情绪。人与人之间的情绪是会互相感染的，有时自己不错的情绪，可能会被别人破坏了；而别人的情绪也常常会被自己所影响。

小华住在单位的集体宿舍里，但人缘极差。每天半夜回到宿舍，她总把房门弄得“嘭嘭”响，严重影响别人休息；她爱翻弄别人的东西，爱偷看别人的信件；她管不住自己的嘴巴，常在人前搬弄是非；她三更半夜与男友在宿舍里高谈阔论，弄得室友更衣就寝很不方便；垃圾数她扔得最多，但她总是不愿动手清理……因此，大家都不喜欢她。她自己也知道大家不喜欢她，但是她却不知道原因所在。

社会是个大群体，在这个大群体中，个体不是孤立存在的，而是借助一定的方式与别人交往的。人们在交往中传递信息、交流感情，并逐渐形成较和谐的社会关系。就个人而言，人际交往、沟通是其人格发展的重要途径和手段。人格的发展成熟意味着一个人在特定的社会、文化环境中适应该社会、文化环境，掌握该社会公认的行为方式。但一旦违背了公认的行为方式，就会影响人际关系，成为大家不喜欢的人，长此以往会导致如自卑、自闭、社交恐惧等心理问题的发生。

那么，从心理学角度看，一个人怎样做才能改善人际关系，获得好人缘呢？

首先，把自己当别人。即用平常心看待自己的得失荣辱，把自己的得失荣辱看做发生在别人身上，不因自己情绪的变化而影响人际关系。

其次，把别人当自己。一个人只有设身处地通过角色互换，才能善解人意，急别人之所急，痛别人之所痛。

再次，把别人当别人。即尊重别人，不干涉对方的隐私，做到内外有别、男女有别，不侵犯对方的个人空间。

最后，把自己当自己。这意味着在自知的基础上建立起自尊和自信，扬长避短，更成熟地与别人相处。

虽然做到上述四个方面的融会贯通并不容易，但只要你用心去做，尽力去做，肯定是会越做越好的。

每个人说的话并非都是金科玉律，并非句句掷地有声。有些话说过了，言者就会忘了。但人缘好的人却很注重这一点，他们会适时地提起他人曾经说过的话，比如说“你曾经说过”“至今我还记忆犹新呢”，这虽然只是一个小小的举动，但对方一定因为受到你的重视而高兴万分，认为你是一个细心的人，一个非常关心他人的人。如果你不但记得他曾说过的话，还按照他人随意说的一句话办事，那你受欢迎的程度将大大提高。

一天，小张给老尹送去一大包味道鲜美的腌制香椿，小张说："我刚从老家回来，把以前答应送你的家乡特产捎来给您。"经小张这么一说，老尹才想起，半年前两人一起喝酒时，小张曾说他们家乡特产腌香椿，味道棒极了，而老尹当时接着开玩笑说："既然这样，等你回老家探亲的时候也给我捎一包吧！"实际上，这只是老尹的一句玩笑话，说完也就忘了。但现在，小张郑重其事地把腌香椿送来了，对于他的这一举动，老尹感动得不得了，两人间的关系也拉得更近了。

另外，想获得好人缘，就要学会与不同性格的人交往。由于工作上，学习上，生活上的需要，我们每个人都不可避免地要与各种不同职业的人、不同思想的人交往，自然，在这些人中就有各种不同性格的人。对此，当我们看到了别人与自己的不同之处，不要觉得这也不顺眼，那也看不惯，更不要讨厌和嫌弃别人。我们要承认差别，当我们认识到了这一点，看到不同性格的人，就不会强求别人处处和自己一样，就可能容忍相互间性格上的差别。

人际交往和沟通的技巧不仅仅是一门学问，更是一种艺术，只有将科学性和艺术性结合起来，才能改善人际关系。

赶鸭子上架，巧用激将法求人办事

激将法是一种有意识运用刺激性语言，激发对方自尊以使之振奋的技巧。激将就是在紧急关头，通过某些语言或行为来刺激对方，使其自尊心受到伤害。为恢复失去的心理平衡，被刺激者必然奋起直上，压倒自己的对立面，这样就使说者的目的得以圆满实现。

在我们生活中，求人办事是在所难免的，往往会因为一句话而影响事情的成败。人如果话说得好就能成全美事，得到他人的帮助。虽然说话并不难，但要把话说得恰到好处，使对方能愉快地接受，对交往产生积极的影响，确实存在说话技巧的问题。

现实生活中，有的人很懂得说话的艺术，伶牙俐齿、口若悬河；也有的人饱经世故，不敢多言多语。在某些时候，抓住别人的弱点，运用激将法，说不定会出现意想不到的效果。

《三国演义》中，马超率兵攻打葭萌关的时候，诸葛亮私下对刘备说："只有张飞、赵云二位将军，方可对敌马超。"这时，张飞听说马超前来攻关，主动请求出战。诸葛亮佯装没听见，对刘备说："马超智勇双全，无人可敌，除非往荆州唤云长来，方能对敌。"张飞说："军师为什么小瞧我！我曾单独抗拒曹操百万大军，难道还怕马超这个匹夫！"诸葛亮说："马超英勇无比，天下的人都知道，他渭桥六战，把曹操杀得割须弃袍，差一点丧命，绝非等闲之辈，就是云长来也未必能战胜他。"张飞说："我今天就去，如战胜不了马超，甘愿受罚！"诸葛亮看"激将法"起了作用，便顺水推舟地说："既然你肯立军令状，便可以为先锋！"

诸葛亮因为了解张飞的暴躁脾气，所以常常采用激将法来说服他。每当遇到重要战事，先说他担当不了此任，或说怕他贪杯酒后误事，激他立下军令状，增强他的责任感和紧迫感，激发他的斗志和勇气，扫除他的轻敌思想。

心理学研究报告显示，当一个人的自尊心受到了强烈的伤害性刺激时，往往会引起人激情的爆发。一旦激情爆发，人的意识范围就变得狭窄，难以全面地、客观地分析情况，从而引发与本意相反的行为或态度。

的确，在求人办事的过程中，如果只是一味地苦苦哀求让别人同情，并不一定会达到目的，所以，有时刺激一下对方，以言语相激达到求人办事的效果。求人办事者为了让对方动摇或改变原来的立场和态度，利用一些略带贬损意义的、不太公正的话给对方罩上一顶"帽子"，而对方一旦被罩上这顶帽子，就会激起一种极力维护自我良好形象的欲望，从而用语言或行动表示自己不是这样，自动地去改变原来的立场和态度。

爱鲁塞尔是一名推销员，从事推销工作已经很多年了。为了业务，他想要和生意做得相当大、信用也极佳的布鲁克林成为业务伙伴。不过，这个布鲁克林是一位蛮横、粗犷的生意人，爱鲁塞尔第一次去找他的时候，这位大老板就坐在办公室的椅子上，嘴里叼着雪茄，傲慢地对他说："你走吧！我根本就不需要什么合作伙伴，别在我这儿浪费我的时间。"

因为爱鲁塞尔的领导想在长岛皇后村买一栋房子来开设分公司，而那栋房子正好就在那位大老板家附近。所以，爱鲁塞尔决定再找个时间去拜访他。一进门，他就谦虚地说："先生，我今天不是来谈生意的，我是想请您帮一个忙，如果您方便的话，只需花您 1 分钟的时间就够了。"

那位老板叼着烟，毫不在乎地说："嗯！好吧，说说你肚子里有什么主意！"爱鲁塞尔说："我打算在皇后村开一家分公司，您对这儿的情形，相信比谁都清楚，所以我今天特地来向您请教，您觉得这个计划怎么样？"

只见那老板不紧不慢地说："嗯，这倒是一个前所未有的新情况。"一般情况下，这位老板对推销员一向都是咆哮怒斥，但是今天却一反常态，他拉过一把椅子，指了指说："你坐下。"

老板对爱鲁塞尔的来访足足花了一个小时，详细地把皇后村各方面的情况都告诉了爱鲁塞尔。他不但赞成爱鲁塞尔在皇后村开设分公司，而且还帮他规划出购置地产的程序，及购物、开业方面的事宜，然后还拿出一家极具规模的公司的营业方案让他参考。

这位推销员成功的诀窍正是在于他的激将术的运用，他一进门就给布鲁克林扣上了一顶"高帽"，请教以及征求他的意见，让他有一种高贵感，所以，布鲁克林才会一反常态，倾心帮忙。

人人都有自尊心、虚荣心，每个人都希望得到别人的认同，都希望自己是"唯一的""特别的"。换句话说，人人都想成为重要人物，即使是再没有雄心、再过于谦逊的人。诸如此类的"唯有你能"或"除了你，谁也不能"等字眼，往往让人的心理受到强烈的冲击，让人产生一种被给予特别优待的错觉。

因为这种错觉，一个人的自尊心被激发了，虚荣心也得到了满足。虽然明知对方故意那么说，但听起来还是让人感到舒畅的，于是他会动用所有的潜能去达到别人的要求。

所以，在日常生活中，若想说服对方接受自己的观点，按照自己的意愿办事，不妨大胆地使用激将法，"赶鸭子上架"，多使用这样的字眼，如："我想来想去，唯有你能……"强调"非他莫属"；让家人去做一件烦心的家务事，你不妨多多阐明家务的难度系数，说："干这个活，你最拿手！"以此来强调他的"独一无二"；请求他人为你解决棘手的问题，不妨故意夸大对方的重要性，说："除了你，没有谁有这么大的能耐"。你得相信，任何人都可能在你有心设计的"特别"的光环中，"特别"为你办事，帮你办成"特别"的事。

说话看对象是很重要的，同样，激将法也不是对人人都能有用。如果你不能做到这一点的话，可能这件事情就让你给办砸了，如果你看准对象，用语言出击的话，想要人帮你办事就不会是什么难事了。

总而言之，与不同的人谈话，就要采用不同的谈话方式。因人而异，才能做到把话说活。办事要善于洞察人心，尤其是当你有求于人时，要看对象说话，更要见机行事，刚柔并济，才能逢凶化吉，转难为易，说起话来让别人愿意接受，只有这样，办事才能水到渠成。

人脉如血脉，有钱不如有人脉

人脉是一种无形的资产，虽然它不是直接的财富，但是没有它就很难获得成功。即使一个人是天才，也不可能样样精通，碰到自己从未涉足的领域和难以解决的问题时，如果我们有好的人际关系，就可以在朋友资源里找到这方面的"专家"，及时解决问题，使成功变得更容易。

在竞争激烈的现代社会，什么对我们最重要？有人说是学历，可是听说北大的才子正在卖糖葫芦；有人说是相貌，可是美貌总有逝去的一天;还有人说是家世,但并不是每个人投胎时都懂得认真排队……转悠一圈才恍然大悟:一个好汉三个帮,最终能让自己走向成功的,还是“人脉”。广泛的人脉是一个人丰富的资源,这个资源的可再生性很强,因此其派生的价值也是不可估量的。

人脉宽广是事业成功的一个很重要的原因,斯坦福大学研究认为:财富 = 专业知识(12%)+ 人脉资源(88%)。只有人际关系丰富的人才能取得事业的“大丰收”。对于年轻人来说,要做成大事业,单凭自己的能力与智慧是不够的,若能在年轻的时候巧借他人的力量,则可成大事。

宋女士现在的固定资产过亿,生意已经做到了国外,很多人都对这个年纪不大的北方女子成就事业的传奇经历颇感兴趣。后来,宋女士在一档访谈节目中谈及了自己的成功经历。

原来,大学毕业后,宋女士被朋友推荐去了一家珠宝公司任业务员,负责上海分店的筹建业务。在工作期间,她认识了很多朋友,其中有很多都是在上海的香港人。在这些香港朋友的介绍下,她加入了上海香港商会。经过几年的努力之后,宋女士经朋友推荐当上了香港商会唯一的女副会长。利用这个平台,她认识了更多在上海工作的香港成功人士。

后来,宋女士在朋友的建议下开始投资房地产。由于当时上海的房地产已经火起来了,有时候即使排队都买不到房子。在朋友的帮助下,宋女士还是很容易地买到了房子,又是得益于朋友的建议,宋女士陆续把手上的房产变现,收益颇丰。

据宋女士介绍,她目前的资产已经过亿,朋友则有两三千个。她说,自己的事业是有了朋友的帮助,才会这么顺利。“包括开公司、介绍客户和业务等，各种朋友都会照顾我，有什么生意会马上想到我。”她开心地说。

宋女士正是因为人脉广，才把自己的事业经营得风风火火。

人脉的培养并不是很难，20世纪60年代，美国一所大学的社会心理学家米尔格·兰姆用“连锁信件实验”，证明了在人际交往中也存在着同样的规律。他随后提出了心理学中的“人际六度空间理论”：世界上任何两个人之间的间隔人数不会超过6个。也就是说，如果我们想认识一个陌生人，最多也就需要通过6个人，就可以和他建立联系。

在这个世界上绝对没有联系的两个人是不存在的，任何人都可能通过“六度空间”而建立起人际关系。“六度空间”表明了社会中普遍存在的、看似微弱的关系的强大作用，这种微弱的人际纽带使得人与人之间的距离变得非常近。“朋友的朋友是朋友”，当你秉持这种理念，运用一定的联系方式和交往技巧，就算是想认识美国总统，也不是痴人说梦。

你觉得一位德国烤肉店的老板和他最喜欢但并不相识的好莱坞著名影星马龙·白兰度建立起联系的可能性有多大？他们一个住在德国的港口城市法兰克福，另一个则住在大西洋彼岸的美国。

几年前，一家德国报纸接受了这项挑战，帮助这个烤肉店的老板在他的私交里，寻找能够与马龙·白兰度交往的人，工夫不负有心人，几个月后，他们发现，这两个身份、地位相差悬殊，看起来毫不相干的人只经过几个人的帮助，就建立了人脉关系。

原来，这个烤肉店老板的一个朋友住在加州，刚好这个朋友的同事是电影《这个男人有点色》的制作人的女儿在女生联谊会上结识的姐妹的男朋友，而马龙·白兰度正是这部片子的主演。

人脉资源是一种无形的资产，虽然它不是直接的财富，可是没有它就很难获得财富。即使一个天才，也不可能样样精通。当碰到自己从未涉足的领域和难以解决的问题时，如果拥有好的人际关系，就可以在朋友资源里找到这方面的“专家”，及时解决问题，使成功变得更容易。

要成大事，先要会做人；而会做人，即是善于在交往中积累人脉资源。若能做到左右逢源，进退自如，上不得罪达官贵人，下不失信于平民百姓，中不招妒于同行朋友，行得方圆之道，人脉大树枝繁叶茂，那成大事一定不在话下了。

走出孤独，挥别“独行侠”的日子

心理学家分析，真正的孤独，往往产生于那些虽有肉体接触，却没有情感和思想交流的夫妇。事实上，不管你是已婚或未婚，也不管你是置身于人群，或者是独居一室，只要你对周围的一切缺乏了解，和你身外的世界无法沟通，你就会体会到孤独的滋味。

心理学家认为，孤独就是在“我”与“他人”之间，“我”与“环境”之间缺乏沟通和了解时所出现的一种心态。此时，他们或是清高，对别人不屑一顾，认为别人根本不理解自己，不愿倾吐内心的秘密；或是自卑，认为自己不如别人，缺乏信心，也不愿别人了解自己，生怕被人看不起，进而产生与他人难以沟通和相处的感觉。

孤独是当个人感觉到缺乏令人满意的人际关系，自己对交往的渴望与实际的交往水平产生差距时而引起的一种主观心理感受或体验，常伴有寂寞、孤立、无助、郁闷等不良情绪反应和难耐的精神失落感。孤独的人往往不会交际或存在人际关系缺陷，并为此而深感痛苦。

1954 年，心理学家贝克斯顿等在加拿大蒙特利尔的麦克吉尔大学海勃实验室进行了首例“感觉剥夺”的实验研究。他们在付给大学生每天 20 美元的报酬后，让他们待在缺乏刺激的环境中，具体地说，就是让实验参与者戴上特制的半透明塑料眼镜，使其难以产生视觉；手臂戴上纸筒套袖和手套，腿脚用夹板固定，以限制其触觉；实验在隔音室里进行，只有空调发出的单调嗡嗡声。实验参与者单独待在实验室里，静静地躺在舒适的帆布床上。

当时大学生打工一小时大约只能挣 50 美分，这让很多大学生都跃跃欲试，认为这是个既可以得到不错的报酬，还可以好好睡一觉，或者考虑论文、课程计划的好机会，但结果却令人大跌眼镜。

没过几天，学生们就纷纷退出。他们说，实验进行几小时后开始感到恐慌和难受，根本不能进行清晰的思考，哪怕是在很短的时间内注意力都无法集中，思维活动似乎总是“跳来跳去”。

更为可怕的是，50％的人出现了幻觉，包括视幻觉、听幻觉和触幻觉。视幻觉如出现光的闪烁；听幻觉似乎听到狗叫声、打字声、滴水声等；触幻觉则感到有冰冷的钢板压在前额和面颊，或感到有人从身体下面把床垫抽走。

在过后的几天里，大学生们出现了双手发抖、不能笔直走路、应答速度迟缓以及对疼痛敏感等症状。通过对这些大学生的脑电波的分析发现：实验参与者的意识活动严重失调，而且对刚刚结束实验的他们进行智力测验，测验结果也很不理想。实验结束数日后，他们才恢复正常。

这个实验证明了，不断地从外界获得新的刺激和信息是人的身心活动正常进行的重要条件。人的身心发展离不开与社会的广泛接触和联系，孤僻和自闭带来的只能是身心的疲惫和失调。心理学研究发现，孤独症的实质就是一种认知障碍，孤独症者不愿与人分享。

人类是社会性的动物，社会交往是我们内在的强烈需求。所有的人都曾经品尝过孤独的滋味，孤独是一种人际交往的丧失。大约有 20％的美国人表示，没有朋友可以讨论私人问题，其内心存在着不同程度的孤独感。

人为什么会孤独呢？一般来说，每一个人都是一个独立的个体，都有属于自己的意识。当一个人沉浸在只属于自己的意识中，发现很难与他人交流的时候，便产生了精神上的孤独。不管你是已婚还是未婚，置身人群还是独居一室，只要你对周围的一切都缺乏了解，和身外的世界无法沟通，你就会体会到孤独的存在。

导致孤独的原因不在于空间距离，而是在于心理距离。在现实生活中，很多人觉得自己不受欢迎，好像周围的人都不喜欢自己，因而产生一种孤独的感觉。

我们若想克服孤独，就必须远离自怜的阴影，勇敢地走入充满阳光的人群里。我们要去认识人，去结交新的朋友。下面几招也许可以教你走出孤独。

1. 多与外界交流

当你感觉到孤独的时候，翻一翻你的通讯录，也许你可以给某位久未谋面的朋友打个电话，或者约他去看一场电影，还可以请几位朋友来家中吃一顿饭，你亲自下厨，炒上几个香喷喷的菜，聊聊各自的近况，这都别有一番情趣。

2. 战胜自卑

过于自卑的人往往不敢轻易跟别人接触，这无异于作茧自缚。要冲出这层包围着你的黑暗，你必须首先咬破自卑心理织成的茧。只要你自信一点，钻出自织的“茧”，你就会发现战胜孤独并不是一件难事。

3. 融入人群

越是在人多的时候，人越容易感到孤独。这是因为你跟周围的人格格不入，你也无法进入那种热烈的气氛中，而他们之中那种热烈的气氛更是衬托出你的孤独。要打破这种尴尬的局面，唯有“忘我”。你不妨想想自己能为人家做点什么，这很容易使你融入其中。因为温暖别人的火，也会温暖你自己。

4. 积极调节

遭到厄运的袭击，而又不能够对人倾诉时，你不妨到海边走走，让清爽的海风吹走烦恼，心情就会渐渐地开朗。你也可以跑到最热闹的街道上去，置身于川流不息的人群中，往往就会忘掉自己的寂寞。

5. 明确人生目标

人害怕自己跟他人不一样，害怕被别人排斥，害怕在不幸的时候孤立无援，害怕自己的思想得不到旁人的理解。要想从根本上克服内心的脆弱，最好能给自己确立一个具体的目标，或者培养一些兴趣爱好。一个人明确了生活重心，懂得了自己为什么活着，就不会感到孤独寂寞；同样，一个有所爱、有所追求的人，也是不怕孤独的。

孤独是由个体感觉到不会交际或人际关系有缺陷时的一种主观心理体验，是令人痛苦的、不愉快的负面情绪，会给人们的正常交往带来不便。心理孤独的人，即使身在欢快的场合，也很难被这种气氛所感染，仍然认为自己很孤独，不愿向任何人倾诉。

走出孤独，就是要客观地对待自己，正确地认识自己。如果总认为自己不如别人，觉得自己这也不行，那也不好，终日独处，同样也会变成孤家寡人。所以，孤独的人要学会与人交往，学会沟通，不要怕别人强于自己，也不要怕自己的不足曝光，因为你时刻可以改变自己。

走出孤独，就是要走出自我的小天地，走出封闭的世界。当你筑起一道与世隔绝的心灵高墙时，也隔住了外面的阳光。敞开心胸，你会发现，你生活的空间同样是一个温暖的世界，在交往中感受爱的信息，在互助中体会他人带来的暖流。

第二章

职场生存的心理学

有人说，职场如战场。如何处理好职场中千丝万缕的关系，进而从众多的竞争者中脱颖而出？又如何能在事业发展的同时，妥善地处理好同事之间的利益关系？这既要求你善于做人、做事，更需要你深谙他人心理。

第一印象很重要，它是你的第一名片

心理学研究发现，与一个人初次会面，45秒内就能产生第一印象，而最初的0.25至4秒给对方留下的印象是最深刻的。不要小看这短短的4秒，别人对你这个人的判断和评价75%都由此而来。所以别人第一印象中的你不管是不是真实的，你留给别人的这种印象以后都很难改变。

著名社会心理学家凯利，在1950年做了一次实验，对“晕轮效应”进行了研究。他告诉学生，教经济学的教授有事要做，故暂请一位研究生代课。他对两组学生介绍说，该研究生是个既好学，又有教学经验和判断能力的人。但他对其中一组学生说，此人为人热情；却对另一组学生说，此人比较冷漠。

介绍之后，凯利让这位代课教师在两个组分别主持了一次20分钟的课堂讨论，然后再让学生陈述对他的印象。实验结果发现两个组的学生，对代课教师的印象大相径庭：一组认为老师有同情心、体贴人、有社会能力、富有幽默感等，另一组却认为老师严厉、专断。这表明两组学生对老师的印象都有推断成分在内，或由热情的特点推断出一系列优点，或由冷漠的特点推出一系列缺点。两组学生对老师的印象进一步影响到他们的发言行为，印象好的那组积极发言者达56%，而印象不好的那组积极发言的只有32%。

学生听到的只是对这个教师的简单描述，然后学生在此基础上，想象他别的样子，于是用一个自己想象的形象，来代替眼前的这个现实中的人，这就是“晕轮效应”。

晕轮效应是一种以偏概全的主观心理臆测，受晕轮效应影响的人其错误在于：第一，他容易抓住事物的个别特征，习惯以个别推及一般，就像盲人摸象一样，以点带面；第二，他把并无内在联系的一些个性或外貌特征联系在一起，断言有这种特征必然会有另一种特征；第三，他说好就全都肯定，说坏就全部否定，这是一种受主观偏见支配的绝对化倾向。总之，晕轮效应是对人的心理影响很大的认知障碍，我们在面试中要尽量地避免和克服晕轮效应的作用。

杨丽是工科名校毕业生，她毕业找工作时，由于专业对口、成绩优秀，其简历从厚厚的应聘材料中脱颖而出，入列预选名单。一周后，公司通知她面试。但她面试时，穿着过于新潮、鲜艳的短上衣，一条破旧的低腰牛仔裤，还戴着一对夸张的热带风情大耳环，一进门就让由高级工程师组成的考官们一愣。考官们随便问了几个问题就草草结束了面试，意料之中，杨丽被淘汰出局。

事后有一考官表示，其实杨丽那天几个问题回答得是很不错的，就是因为她给面试官留下了不好的第一印象：理工类专业要求“踏实、耐得住寂寞”，而杨丽的穿着却给招聘考官留下了“华而不实、喜欢张扬”的第一印象，考官也没心思听她回答的是什么，所以她的出局是必然的。

在心理学中，第一次交往给人留下的印象，会在对方的头脑中形成并占据主导地位，这种效应即为首因效应，也被称之为第一印象效应。第一印象作用最强，持续的时间也长，比以后得到的印象所产生的作用更强。

另外，心理学研究发现，与一个人初次会面，45秒内就能产生第一印象，而最初的0.25秒至4秒给对方留下的印象是最深刻的。不要小看这短短的4秒，别人对你这个人的判断和评价75%都由此而来。所以别人第一印象中的你不管是不是真实的，你留给别人的这种印象以后都很难改变。

所谓先入为主，第一次见面给对方留下的印象会根深蒂固地留在对方的脑海中。如果你穿着得体、举止优雅、言语礼貌，对方就会心生好感，认为你是个有修养、懂礼仪的人；如果你服装怪异、态度傲慢，对方就会认为你是个毫无修养、傲慢自负的人，从而心生厌恶。

心理学家认为，由于第一印象的形成主要源自性别、年龄、衣着、姿势、面部表情等“外部特征”，所以，在一般情况下，一个人的体态、姿势、谈吐、衣着、打扮等都在一定程度上反映出这个人的内在修养和其他个性特征，对方会对他进行最基本的判断和评价。因此在面试的时候，一定要把自己最优秀的状态展现出来。如果你留给面试官的印象不好，即使你的简历写得再出色、工作能力再强，也会让面试官把对你第一印象的厌恶转移到你的工作能力上。

国外有学者研究后得出结论，至少有85%的考官在面试真正开始前，已根据应聘者的应聘资料对其产生了最初的印象，最初印象对面试的过程和结果有着十分重要的作用。根据心理学的原理，如你给人留下的最初印象不好，那么要改变这种印象将是很困难的。

了解了考官的这一心理特征，就应当认真准备自己的应聘资料，尽可能让自己的缺点和不足被优点和特长所掩盖。当然更不能因为自己的穿着打扮、面试开始时的一举一动而给考官留下糟糕的印象。

一位先生在报纸上登了一则广告，要雇一名勤杂工到他的办公

室做事。大约有50人前来应聘，但这位先生却选中了一个男孩。他的一位朋友问道："为什么选中了那个男孩？他既没有介绍信也没有人引荐。"这位先生说："他带来了许多'介绍信'：他在门口蹭掉了脚上的泥土，进门后随手关上了门，说明他做事小心仔细；当看到那位残疾老人时，立即起身让座，表明他心地善良、体贴别人；进了办公室他先脱去帽子，回答我提出的问题干脆果断，证明他既懂礼貌又有教养；其他所有人都从我故意放在地板上的那本书上迈过去，只有他俯身捡起那本书，并放回桌子上；当我和他交谈时，我发现他衣着整洁，头发梳得整整齐齐，指甲修剪得干干净净。难道这些不是最好的介绍信吗？"

一个人举止端庄文雅、落落大方，就能给人以深刻、良好的印象。培根有句名言："相貌的美高于色泽的美，而秀雅合适的动作美又高于相貌的美，这是美的精华。"仪表是展示自己才华和修养的重要外在形态，优雅的仪表，能够帮助一个人得到良好的社会声誉，能够为办事铺平成功的道路。我们应该随时随地注意自己的仪表，给人留下良好的第一印象。

面对面试考官，如果你具备一种强烈的、吸引人的魅力，那么，他们就会很容易被你"说服"。良好的形象是求职者非常重要的一张名片，拥有它，你会更容易地抓住面试官的心。

没有卑微的工作，心态决定成败

在一个既定的规则框架内，如果你没有能力改变规则，那么，你首先就要自我反省，调整好自己的心态。我们每个人虽然都无法决定自己人生的开场和结局，也不能控制别人的思想或行动，但是我们可以选择自己心态的好与坏，只有这样，你才能把握事业，找到成功的新起点。

著名心理学家弗洛姆曾经做过一个试验。他把学生带到一个黑暗的屋子里，引导他们排着队从一条木板上走过。等他们全部过去以后，弗洛姆打开了房间的一盏小灯，人们这才发现房子的地面是一个很深很大的池子，池子里有一条蟒蛇。而他们刚刚走过的木板，其实是架在池子上方的一座桥。

随后，弗洛姆又要求学生们再次走过木桥，并给予通过的人奖励。结果这次只有三个人愿意尝试。他们小心翼翼地移动着双脚，慢慢地从木桥上过去，心惊胆战。待他们通过后，弗洛姆打开了房内的大灯，试验者这才看到，在木桥下面其实有道安全网，他们是绝对不会掉到池子里的。

弗洛姆接着又让学生们过桥，结果所有人都愉快轻松地走过了木桥。可见，桥并不难走，但是学生们对待过桥的心态，却极大地影响了他们过桥的行为。由此可见，能否成功过桥的关键是心态。

心态往往决定着我们对外界影响的判断和选择，如果一个人认为生命的意义在于对美的追求，那么他一生都可能会追求关于美的一切；如果一个人喜欢维护正义，那么，他也许认为自已将来会成为一名警察。可见，行为体现着一个人的心态，人的心态则支配和左右着一个人的行为。

其实，人与人之间的差异是很小的，只是在看待问题上的心态有所不同而已。但是选择哪一种心态，则会使人与人之间产生巨大的差异，有的人成功了，而有的人却遭受失败。

很多的现代管理者越来越重视人才的心态素养。某跨国公司人力资源部总监认为："许多人都很有能力，但并不是所有有能力的人都能进入我们公司。因为除了能力，我们更看重一个人的工作态度，是不是拥有积极的心态，遇事能否主动想办法解决，而不是老说一些没用的话，动不动就说这也不行那也不行。这种人不适合到我们公司工作！"

某公司的一位员工虽然在此公司已经工作了近10年，但他总是抱着"我只是被雇来的，做多做少一个样"的心态来工作，工作上也从来没有什么出色的业绩，因此，10年来他的薪水从不见涨。

有一天，他终于忍不住向老板大倒苦水。没想到老板对他说："你虽然在公司待了近10年，但你的工作经验却和只工作了1年的员工差不多，能力也只是新手的水平。"

这名员工在他最宝贵的10年青春中，除了得到10年的薪水外，其他却一无所获，这是一件多么遗憾的事情！由此看出，有一个良好的心态对于我们的工作甚至职业前景是多么的重要。

在工作中，时刻保持一种积极向上的心态，保持一种主动学习的精神，每个人都可以做得更好。如果不懂得珍惜自己的工作，懒惰怠慢、不求进取，那么，我们注定在工作上会和那位"10年新手员工"有相同的命运。

世界著名潜能开发学大师安东尼·罗宾指出：影响我们人生的绝不是环境，也不是遭遇，而是我们持什么样的心态。在现实生活中，有些人就是比其他的人更成功，赚更多的钱，他们拥有不错的工作、良好的人际关系、健康的身体，整天快快乐乐地过着高品质的生活，而有些人忙忙碌碌地劳作却只能维持生计。其实，人与人之间并没有多大的区别，有区别的只是各人所持的心态而已。对待同样的一份工作，有的人可以出色地完成任务，有的人却难以胜任，这并不是因为他们的智商有很大的差别，根本的原因是他们对待工作的态度不同，一个对工作持有积极、努力、认真、负责的态度，对工作尽心尽力的人，与一个对工作持敷衍了事、得过且过态度的人，在工作成就上自然就会产生差距。

的确，在一个既定的规则框架内，如果你没有能力改变规则，那么，你首先就要反躬自问，调整好自己的心态。我们每个人虽然都无法决定自己人生的开场和结局，也不能控制别人的思想或行动，但是我们可以选择自己心态的好与坏。

事实上，无论哪个领域的成功者，他们的共同特质就是在心态上超人一等，他们都踏实肯干、积极进取、认真负责、心怀感恩、乐于团结协作，这是一个称职的员工应该具备的基本特质。

心态积极的员工，知道自己工作的意义和责任，并且永远保持全力以赴的工作态度。他们在为企业创造价值和财富的同时，也在不断丰富和完善着自己的职业人生。他们是每一个企业、每一位老板都极力寻求的人才，他们才是所有组织最器重的员工。

心态失衡是现代人的一个常见性格弱点，因为他们无法从消极心态过渡到积极心态，这种失衡性格成为一个时代的疾病。在职场中，积极的心态是一种有效的心理工具。很多人在竞争中失败，并不是由于自己的失误，大多数人只是源于性格的一些弱点。

老李和老刘同在一家研究所工作。老刘为人正直，工作上任劳任怨，逐渐成为这家研究所的技术骨干，但是十几年过去了，他评上工程师的愿望依旧没有实现。开始是学历不够，于是老刘努力进修，终于取得了学历上的资格；就在这时，职称评定又冻结了；好不容易等到解冻，又因为名额有限，始终轮不到自己。老刘觉得上天对自己太不公平了，他变得不求上进，逢人便讲评职称如何不公平，脾气也越来越坏，经常莫名其妙地发火，和周围人的关系也很紧张。

老李的情况也好不到哪里去。老李也是一直没有评上工程师，开始的时候老李也很郁闷，和家人吵，和周围人闹，结果把生活弄得很紧张。但是不久之后，老李意识到这样下去也不是办法，于是他开始自学英语，自学工商管理，想着等到学成了，时机也成熟了，就可以自己搞民营科技，最近老李还在撰写一本关于科技的书。老李现在有很多的想法，也正在实施中。由于适时地转移了注意力，评职称的事似乎就显得微乎其微了。老李对现在的生活充满了信心，和周围的人关系也很和谐，自己的事业又有了新的希望。

职业生涯的第一步就是正确地选择好自己的心态，这将会帮你成为职场中的一棵常青树。相反，工作中偷懒、抱怨、投机取巧、麻木不仁，对领导分派的任务眼高手低、吹毛求疵、找借口推脱等，都会影响你的个人前途。

在职场中，我们也常会因为一些心愿和目标无法实现而耿耿于怀，使得心中有了不满和怨恨，反而变得颓废和堕落。学会走出这个心理死角，换另外一个适当的目标，转移自己的注意力，同时也实现情感的代替和补偿，这样反而会有所收获。所以，我们应该放松自己的心态，懂得做心态的主人，而不是心态的奴隶。

做任何事，首先要端正心态，因为每个人都拥有成为优秀员工的潜能，都拥有被委以重任的机会。心态决定一切，没有卑微的工作，只有自我感觉卑微。改变命运，首先要从改变思想开始。不管你从事什么工作，首先要树立正确的职业态度，只有这样，才能更好地、有效地调整自己的工作心态，从而实现个人的价值。

隐藏锋芒，大智若愚

老子云："良贾深藏若虚，君子盛德，容貌若愚。"即善于做生意的商人，总是隐藏其最珍贵的货品，不会让人轻易见到；而品德高尚的君子，从外表看上去却显得愚笨。这无疑蕴含着一种处世智慧。锋芒毕露毫无益处可言，只有低调做人，才能让自己不过早地被风雨侵蚀，才能让自己长成参天大树。

一个人要想在职场中成功，就要学会暂时隐藏自己的锋芒。如果你锋芒太露，或者棱角太过于分明，那么你很有可能会被外部环境排斥或淘汰。一旦进入职场，一定要及时地调整自己，完成必要的角色转换，做到随势而变，像水一样，有柔有刚。

电视剧《潜伏》的出现，引发了各界热议。其实《潜伏》也可以借鉴到当今职场中来，那就是学会职场心理分析和处世技巧。在剧中，主角余则成是一个不喜形于色的人，他内敛、沉稳，他利用"同事"们的个人私欲，多次化险为夷。在明争暗斗中，余则成能保持中立，对事不对人，向领导汇报时，也不打小报告。陆桥山被李涯算计，弄得身败名裂，站长大怒之下要处置陆桥山，关键时刻，余则成一番利害关系的陈述，委婉地向站长暗示了陆桥山的后台。余则成的建议，想领导之所想，同时又成全了陆桥山。余则成在人际

“界限”方面处理得极为出色：既能保持一定的人际距离，也能融入工作环境。

李涯在《潜伏》里是余则成从始至终的顽敌，他身上有一些年轻人初涉职场时的“通病”，比如张扬、爱表现。有些刚毕业的大学生初入职场，猛劲工作、极力表现，却并未得到领导的赏识。初入职场，要谦虚好学、尊重前辈，这样才会给别人留下好印象，为自己赢得机会。有些人急于表现，让自己显得很强势、很张扬，其实，这种“强势”会给同事造成压力，从而产生防御心理。

《易经》上说，君子藏器于身，待时而动。中信房屋董事长特别助理胡佩兰表示，就算有能力，进入组织初期也别锋芒毕露，懂得内敛，以“团体”的角度思考，容易赢得友谊。所以，适当的时候露露锋芒，展示一下自己的立场就可以了，大多数的情况，还是应该韬光养晦的，只有这样你才会轻松玩转职场。

我们在职场生活中不难发现有这样的人，他们思路敏捷、口若悬河，但给人的感觉是狂妄自傲、目中无人，所以别人很难与他共事。另外，这种人很爱表现自己，总想让别人知道自己很有能力，处处显露自己的优越感，以为这样能获得他人的敬佩和认可，其实结果只会在人们心中失掉威信。

李娜在一家大型公司上班，让她自豪的是现在她在公司的人缘非常好，但是过去的情形并不是这样的。

初到公司，李娜连一个朋友也没有。为什么呢？因为李娜太强了，几乎没有她解决不了的问题，任何事她都自告奋勇去主动接受，一直保持着出色的能力和优异的业绩。

“我工作做得不错，并且引以为傲。”李娜对丈夫抱怨说，“但我的同事不但不与我一起分享我成功的喜悦，而且还极不高兴。我渴望这些人能够喜欢我、认可我，我真的很希望他们成为我的好朋友。”

丈夫对她说：“你不要总是急于表现自己，什么事你都抢尽风头，别人的机会不就少了吗？没有人希望和这样一个太出众的人做好朋友，因为和你在一起，他们的光芒就会被你全部掩盖。想让别人接纳你，那么你何不多留些机会给别人也表现一下呢？这样也许他们就会慢慢接纳你的。”

李娜听了丈夫的忠告，开始改变自己，变得不那么争强好胜，而是把更多的机会留给别人去表现。在与同事闲聊的时候，李娜开始少谈自己，而是花很多时间去认真倾听同事们说话。渐渐地，她发现，同事们愿意和她聊天了，对她的态度也开始友善、亲切起来。大家有什么话都喜欢告诉李娜，并和她成了无话不谈的好朋友。

在一个群体或团体中，人人都希望自己首先“迈出众人的行列”，成为脱颖而出的佼佼者。但社会竞争又暗藏着另一个法则，这就是“枪打出头鸟”。如果积贮的能量尚不够，不可轻易暴露自己、过早卷入残酷的竞争。在这种时候，最需要保持低调。

真人不露相，露相非真人。在竞争激烈的职场，聪明人都很谨慎，不会轻易暴露自己的真实意图。而很多新人往往因修行不够，在不知不觉中铸成大错，自毁前程，令人叹惜。

林艳出身名校，毕业后被一家大型企业录用。为此，她自信心大增，对自己的发展前景充满期待。

林艳确实能力超群，销售业绩不错，因此深受领导的器重。因为她勤于观察、善于思考，所以很快就发现了公司存在诸多弊端。

于是她经常向销售主管反映，然而主管总是冷冷地说："你提的意见很好，我会在下次会议上针对你说的问题让大家讨论。"然而在"下次会议"上，主管并没有将她的意见提出来让大家讨论。

林艳对主管感到非常不满，非常希望将其取而代之。在公司的年终总结会上，林艳陈述了自己的想法，并且建议公司实行竞争上岗的制度，"能者上，庸者下"。这时，整个会场变得鸦雀无声、一片寂静。总经理肯定并称赞了她的想法，认为非常有新意，符合这个社会的竞争大潮，但是并没有针对她的意见深入讨论。

会议结束后，林艳发现一切都变了。原来很要好的同事都对她敬而远之，主管对她更是冷言冷语。更令林艳大惑不解的是，竟然有人在总经理那里报告她收受回扣、违规操作、泄露本公司的机密，等等。从此以后，公司经常有她的不良传闻，领导们受公司舆论影响，最后把林艳辞退了。

林艳无疑是一个有能力的人，然而她最后为什么失败了？就是因为她心无城府，锋芒毕露，让自己冒了尖，所以成了众矢之的。

也正因为如此，著名的日本松下公司的用人理念是：只用具有70%能力的人，而不用业界最优秀的人。因为前者做事更认真，而且友善、谦虚，对上司和同事更具亲和力。现代社会更强调团队合作精神，一个人锋芒毕露并不被认为是一件好事。

年轻人心无城府，总是不由自主地以真实面目示人，这样做很可能会伤害自己。你需要做的是为自己涂抹一层"保护色"，低调、谨慎地做事，等待时机来临再挺身而出。

老子云："良贾深藏若虚，君子盛德，容貌若愚。"意思就是善于做生意的商人，总是隐藏其最珍贵的货品，不会让人轻易见到；而品德高尚的君子，从外表看上去却显得愚笨。这无疑蕴含着一种处世智慧。锋芒毕露毫无益处可言，“满招损，谦受益”，自我炫耀者只会招致他人的反感，乃至小人的陷害。

只有对方无从了解你的欣喜、愤怒，只有当你将自己深深隐藏起来的时候，才能够达到迷惑对方的目的。隐藏锋芒不是消极被动的处世态度，其实它是一个积聚能量的过程，只有在自我隐藏中才会有快速生长的可能。

每个人都想出人头地，每个人都有自己的野心，但是不要将你的志向和目标轻易表露出来。太过外露你的强大，别人就会感觉受到威胁。一旦他们对你发起攻击，那你一切的努力都将化为泡影。藏锋敛迹、稳重做事，才是做人的大智慧。

工作，就意味着责任

工作，就意味着责任。如果你对工作敷衍了事，不仅会给公司造成损失，同时也会给自己造成损失——损失了自己在事业上的前途。一个聪明的员工绝不会在多数人都偷懒、敷衍的时候随波逐流，更不会向这些人学习。他会有自己的追求，他不会敷衍公司，因为他知道，敷衍公司就是敷衍自己，到头来，对自己没有任何好处。

工作就意味着责任，责任是一名员工的立身之本。责任，对于员工来说是一种职业操守和敬业的态度，对于公司来说，就意味着绩效。一个成功的团队必然是一群充满责任感的成员所组成的。对于老板来说，要提高团队的绩效，就要增强团队的责任感；对于员工来说，要提升工作业绩，同样也要增强自身的责任感。

这天，小美上班时迟到了10分钟，这已经是她这个月第9次迟到了。上司二话不说马上就扣掉了她当月的奖金，她对公司的处理愤愤不平："不就迟到10分钟吗？有什么了不起的，也不会有多大影响。"

在工作上，小美总是错误百出。有一份出口日本的订单，日本客户确定数量为12868套绛红色童装外套，小美下单时不小心看成了12686套。生产出的成品少了182套，导致后来空运补货。当上司接到客户投诉电话时，立即将叫小美到办公室，还没有等小美开口便是一顿痛骂。小美努力地为自己辩护，想不到上司的声音越来越大，导致长廊里挤满了人。这样的场景让小美感到很难堪，本想意气用事，辞职完事，但想想吃亏的还是自己。过后不久，小美就被上司随随便便找个借口把她"下放"到另外一个不太重要的部门。

当员工犯下低级错误时，老板的动怒程度取决于下属是否真诚地认错，是否恳切地表示接受一切处罚。很遗憾的是，无论是经验丰富的中层主管还是助手级新人，第一反应不是公司为之蒙受了多少信誉上的损失，而是自己将为错误付出多少代价，比如，扣罚多少提成或奖金，职位是否保得牢，因此，他们的第一反应是推卸责任，把发生错误的原因推给客观条件，推给他人或下属。但是，一般人在错误面前百般搪塞，看上去是"趋利避害"的聪明做法，却在第一时间点燃了老板的怒气。

工作，就意味着责任。认真做好当前的工作，体现了一个人做人和做事的态度，这一点对于刚刚踏进职场的年轻人来说极为重要。

萧骁是今年才毕业的大学生，在刚刚进入这家公司的时候，他就对自己暗暗发誓说：“不管工作状态怎么样，我一定要踏踏实实地把自己的工作做好，在其位，谋其政。我可以把老板炒掉，但是决不让老板因为自己工作的不利而把自己炒掉。”

一次，老板去外地出差了，大概需要一星期的时间。听到这个消息，公司的同事们都快乐疯了。他们趁着老板不在就开始为所欲为：有的迟到早退；工作的时候三五个聚在一起聊天；还有的干脆就在办公室打扑克；还有的就在网上神聊；还有的更嚣张，上班的时候干脆不来在家睡大头觉。萧骁觉得自己是新人，虽然工作简单且枯燥，但他却没有像其他人那样趁老板不在而有所懈怠，每天都按部就班地来上班，不到点绝不下班。

这件事传到了老板的耳朵里，老板出差回来把那些趁他不在没有认真上班的同事都狠狠地“修理”了一顿，还扣除了他们的年终奖；而萧骁因为做事认真，受到了老板的夸赞，还提升他为主管。

但是，慢慢地，萧骁开始对工作懈怠起来，他不再像以前那样起早贪黑地工作，也不再像以前那样认真细致。他开始放低对自己的要求，由于他的松懈，下面的员工自然也就更加放松了。日子就这样一天天过去，老板却没有发现他所在车间的问题。

但是，接下来的一件事，将他的弊病彻底暴露了出来。公司接到一笔单子，老板交给他去做，客户要求这笔单子必须在规定日期内完成。萧骁心不在焉，根本没把这个工作放到心上，下面的员工也慢慢悠悠地干活，因为没有主管的催促，他们也不着急。

就这样，很快到了交活的日期，当老板向萧骁要这批货时，萧骁顿时傻了眼，他只好求老板宽限几日。老板跟客户好说歹说，客户最终总算答应了老板的请求。

接下来，萧骁不敢马虎大意了，他天天催促工人快点干活，而工人呢，由于日期催得紧，活完成不过来，只好在产品质量上做手脚。结果，产品大多是粗制滥造，根本不合格。客户大发雷霆，要求退回预付款，并且要求赔偿他们的误工费。

老板气愤难当，找到萧骁，狠狠地训斥了他一顿："你就是在敷衍工作。工作就意味着责任！"就这样，萧骁被辞退了，而且还被要求赔偿相应的经济损失。

职场上很多人都觉得很茫然，他们不知道自己上班究竟是为了什么，只是每天在固定的时间上下班，在固定的时间像一个机器人一样机械地工作，缺乏思考和创新，工作明显带有应付和被动的迹象；他们在固定的时间领取自己的薪水，抱怨一番后，又接着上班；他们从不思索是否需要提升自己的工作能力，创造自己的一番事业，因此他们总是在浑浑噩噩中茫然度日，没有激情，没有欢乐，只有被动和麻木，仿佛被老板操纵的木偶。

这样的人只是被动地应付工作，把工作当成一种负担和包袱，纯粹为了工作而工作，他们不可能在工作中投入自己全部的热情和智慧。他们只是在机械地完成任务，而不是充满自信、自主自发地工作。这样的员工自然很难为公司的发展前途着想，往往只顾自己的利益，而从不关心公司的前途。

其实，工作，就意味着责任。如果你对工作敷衍了事，一方面会给公司造成损失，同时也会给自己造成损失，即损失了自己在事业上的前途。一个聪明的员工绝不会在多数人都偷懒、敷衍的时候随波逐流，更绝不会向这些人学习，他有自己的职业追求，他不会敷衍公司，因为他知道，敷衍公司就是敷衍自己，到头来，对自己没有任何好处。

因此，一个聪明的员工会时刻在工作中尽职尽责，努力做好自己的本职工作，不偷懒、不敷衍；一个聪明的员工会把公司的利益放在首位，不管任何时候都不会做有损公司的事；一个聪明的员工总是维护公司的形象，做自己力所能及的事，关心公司的发展。

主动做事，比别人努力一点点

积极主动是一种必要的工作态度。所谓的主动，就是随时准备把握机会、自发自动地完成任务的态度。这种态度不需要别人的督促和吩咐，更不需要别人的强迫，而是心甘情愿做事的精神状态，甚至是“为了完成任务，在必要的时候，不惜打破常规”的智慧和能力。这种态度使员工能够创造性地工作，而不是被动、机械地应付公事。

比尔·盖茨曾对微软的员工说：如果你想取得优秀员工那样的成绩，办法只有一个，那就是比那个优秀员工更积极主动地工作。所谓主动工作，就是在没有人要求你、驱使你的情况下，你能够自觉并出色地做好需要做的事情。

在生活中，我们不难发现成功的人与不成功的人的最大区别就是成功的人做事都积极主动，而不成功的人则多半消极被动。

积极主动的人对生活充满希望，因而能够主动地思考、积极地行动。主动的人能接触到更多的信息与资源，这对处事的灵活性、多样性、成功性都大有帮助；同时主动思考会带来积极的行动，行为上的主动会引起良好的外界反馈，从而进一步刺激大脑神经细胞，产生更积极的思维，这样的一种良性循环，能让人在处理好事情的同时，最大限度地发挥自身的价值，体会到一种安全感、价值感、幸福感。心理学研究发现，对生活充满希望的人更能寻求各种方法实现目标。

在竞争异常激烈的时代，被动意味着挨打，主动则可以占据优势地位。世界上从来没有什么救世主，我们的事业、我们的人生不是上天安排的，而需要我们主动去争取。对于有积极心态和主动做事的人来说，“机会空间”的大门从来都是敞开的。

养成主动工作、积极进取这种好习惯的员工，命运是完全不同的，他们很容易在职场中找到自己的位置，并获得成功。那些在职场中平平庸庸的人，只是被动地应付工作，为了工作而工作，他们在工作中没有投入自己全部的热情和智慧。他们只是在机械地完成任务，而不是创造性地、自觉自愿地工作，因此，他们也只能在原地踏步，永远也到达不了事业的巅峰。

蕙莲是公司里升职最快的员工，进公司才一年，就从一个名不见经传的销售员一跃成为市场部经理。办公室的同事都很好奇为什么她能升得这么快，其实蕙莲成功的秘诀就是每天比别人多努力一点点。

每天蕙莲总是第一个到办公室，而晚上她总是最后一个离开办公室，每当经理想找人加班或者帮忙的时候就只能找她。时间一长，经理似乎都已经习惯了她的存在，一有事情的时候总是自然而然地先想到她。

有的客户往往会在工作之余往公司打电话，这时候，就只有蕙莲在办公室。时间长了，不知不觉中她就积累了数目可观的客户。每当有客户直接来公司找蕙莲的时候，同事们都觉得很惊讶。

工作才一年多，蕙莲就成了经理的“心腹”，当别人向她请教成功秘诀的时候，她总是微笑着说：“其实也没有什么，我只不过比别人努力了一点点，比别人多做了一点点而已。”

可见，积极主动是一种工作态度。所谓的主动，就是随时准备把握机会，自发自动地完成任务的态度。这种态度不需要别人的督促和吩咐，更不需要别人的强迫，而是心甘情愿做事的精神状态。

还有的人认为，只要把自己的本职工作干好就行了。对于老板安排的额外工作，总是抱怨，从来不主动去做。其实，多做一些分外的工作，不仅可以让你在工作中不断地锻炼自己，充实自己，而且会让你拥有更多的表现机会，让自己的才华充分地表现出来。如果总是能让上司领略到喜出望外的感觉，他将会对你建立起更高的信任、更多的依赖，产生赏识，从而在有限的资源分配中向你倾斜。

像大多数年轻人一样，晓海刚刚进入工厂的时候，对工作很是漫不经心。直到老厂长语重心长地对他说：“你不可能在没有付出的情况下就得到你想要的一切。”于是，晓海开始对自己的态度进行反思。他开始细心观察工厂的生产情形，开始虚心地向一些有资历的技术工人学习和请教。他了解到，一部汽车由零件到出厂大约要经过13个部门的合作，而且每一个部门的工作性质都不尽相同。他当时立刻清醒地认识到：既然自己已经在汽车制造这一行了，就必须了解汽车的全部制造过程。于是，他主动要求从最基层的杂工做起。

他一直都牢记着老厂长的话，没有付出就没有回报，只有主动付出才有收获。每天辛苦的工作让他和工厂的各部门都有了接触，他对各部门的工作性质也有了了解。工作了一个礼拜之后，他就把制造椅垫的技术学会了。

后来，他依次申请调到点焊部、车身部、喷漆部、车床部工作，在5年的工作时间中，他已经把公司各个部门的工作都经历过了。

现在，晓海已经懂得了各种零件的制造程序，也能立刻分辨零件的优劣，工厂里没有任何一个人能像他一样。这一切老板当然也看在眼里，很快，晓海就被提拔为车间领班，最终，他成为这家汽车制造公司的副总裁。

只有率先主动，才会让雇主惊喜地发现你实际做的比你原来承诺的更多，你才有机会获得加薪和升迁。如果你只是尽本分，或者唯唯诺诺，对公司的发展前景漠不关心，你就无法获得额外的报酬，你只能得到属于你应得的那一部分，当然，这比你想象中要少。

机会很多时候都来自于自己的主动，主动的人是最聪明的人，永远要记住，主动精神是你最好的老师。在面对困难的时候，可以帮助你的是你自己的主动精神，而不是运气。

任何一个老板都不喜欢只会听从命令的员工，因为这些员工没有主动性、创造性，很难全身心地投入工作。其实，在职场上，一个员工最糟糕的不是缺少知识和能力，而是缺少积极主动的心态。一个没有主动精神的人，工作对他们来说只是一件养家糊口的工具，一种生存的手段，甚至是一种负担、一种累赘。这样的人工作起来毫无热情，工作效率和工作结果自然可想而知。

工作积极主动的人往往具有不断探索新办法来解决问题的职业精神，会对企业的长远发展做出贡献。现代企业需求的人才不仅要具有专业技术知识，更需要那些工作积极主动、热情自信的人。一个合格的职业人不只是被动地等待上司安排工作，而是应该主动去思考岗位需要自己做什么，然后努力地去完成。

上司的权威，别轻易去挑战

尽管有时上司在某一方面确实远不如你，但作为下属还是要十分注意，在你与上司当面说话的时候，不要咄咄逼人，别轻易去挑战上司的权威，更不要让上司如芒在背，这样你会很容易被上司认为是一个恃才傲物和喜欢顶撞的人，从而失去信任。如果一旦误入"雷区"，就会在无意中埋下一个定时炸弹，也会在自己的职场生涯中筑起一面难以逾越的城墙。

职场是一个学问深奥的地方，要想在职场上八面玲珑，不仅要处理好与同事之间的关系，更需要处理好与上司之间的关系。在办公室里，下属与上司的关系通常是非常微妙的，在职场的人们总是会想尽办法处理好上下级的关系。

即使是最好说话的上司在其内心也都非常注重自己的权威，都希望得到下属的尊重。下属要处理好与上司之间的关系，第一个很重要的原则就是你要知道他是你的上司，你要尊重他的权威，你做任何事情都要让他感受到他是你的上司。当你对上司表示出应有的尊重时，上司自会记在心里。上司的权威是不可侵犯的，它是一个雷区，冒犯他的权威就是挑战他的尊严，这无异于给自己埋下了定时炸弹。所以，作为下属永远不要挑战上司的权威。

人在职场，有必要适当地在他人面前示弱，尤其是在上司面前。这也是为什么有的职场新人会发现，突然有一天，对自己呵护有加的顶头上司突然对自己不冷不热的，甚至处处为难自己。如果出现这样的情况，你就应该好好检讨自己了：是不是你说话不注意或者做事不小心，自视甚高、锋芒毕露，让上司心里不快或者是让上司感到了威胁？

如果真是这样，如果你希望一直被你的顶头上司爱护，你就应该放低姿态、适当示弱，时时把上司放在第一位。所以，在职场中，不管你才高几斗，不管你有多大功劳，要学会在领导面前低头，适时将某些功劳让给上司，这样才能受益无穷。

25岁的林心蓝可以说是幸运的宠儿，身高1.70米，不仅脸蛋俊俏，而且还能讲一口流利的英语。在跟外商谈判中，她时常露脸，同事对她都赞许有加。美丽聪明的她一直是异性追逐的对象，相比之下，她的顶头上司——部门经理陈玲比她逊色多了。

林心蓝刚进公司的时候，经理对她很亲切，但在一次跟外商谈业务的聚会上，心蓝出尽了风头，得意地用英语跟外商海阔天空地交谈，并频频举杯，充分显示出高贵与美丽，竟把上司陈玲冷落到一旁，让她坐也不是，站也不是，很是尴尬。

晚宴之后，陈玲便不再对她维护有加，甚至有的时候还处处找碴打压她。

面对不如自己的上司时，林心蓝犯了职场忌讳——在公众场合喧宾夺主，旁若无人地与上司抢“镜头”，使上司陷入尴尬的处境。上司当然不愿意把这样的“犯上”下属留在手下，肯定会给她“小鞋”穿。虽然林心蓝的能力确实超过她的上司，但她不知道在领导眼里，下属永远比她差一截。若你的能力比上司强，他本就坐立不安了，如果明目张胆地与他对着干，哪怕你是无心的，上司也忍不住会对你施加压力。

何巧巧是一所重点院校的高才生，大学毕业后，顺利地进了一家私营制冷设备公司。上司看中了何巧巧的潜能，第一年让她做销售主管，由于业绩突出，又直接提拔她为总经理助理。凡属公司重大的商务活动，上司总是让她不离左右，就这样何巧巧成了上司最信赖的人。

由于职场上发展得过于顺利，何巧巧产生了一种错觉，无形中把自己当成了“二老板”。在春节前夕，美国的一家大采购商如约拜访公司。公司出面洽谈的除了老板和何巧巧外，还有销售部部长和技术部部长。美国客户简单地问候后，就用英语直接进入了谈判主题：新款冰激凌机能做吗？技术上存在哪些难题？模具费是多少？如果提供组装材料，每台收多少加工费？每月能供应多少？等等。

老板只能进行简单的英语会话，这一大堆专业词语冒出来后，她把目光转向了何巧巧，何巧巧的表现欲这时上升到了顶点。在将客户意思转述的过程中，为了使交易尽早达成，何巧巧根据自己掌握的情况，擅自报低了加工费，承诺若干技术问题可以自行解决。在老板宣布谈判结束时，客户径直走过去对何巧巧说：“你很能干，英语也说得很棒。如果不出意外，我们回去后，这份 80 万美元的订单就会给贵公司了。”

客户回国后，发来了订货合同，老板这才弄清楚了事情的来龙去脉。原来好几处公司做不到的条款被何巧巧擅自承诺后列入了合同。如果单方毁约，将会被要求索赔。此时，老板勃然大怒，当即就解除了何巧巧总经理助理的职务。经过与客商反复协商和解释，公司最终象征性地赔付了1万美元，这个极有市场潜力的家用冰激凌机产品最终被搁浅。

此后，老板对她的信任降到了冰点，何巧巧不得不换了另一家公司。

从何巧巧的这个职场故事中，我们可以总结出两条教训：一是要清醒地认识自己的位置，再开明的老板，其包容心也是以公司利益为底线的；二是要记住老板就是老板，作为员工，应该先学会顺从，不要擅做主张，要永远把做决定的权力留给上司。

尽管有时上司在某一方面确实远不如你，但作为下属要十分注意，在你与上司当面说话的时候，不要咄咄逼人，不要冷嘲热讽，也不要背地里对上司评头论足，更不要让上司当众出丑。要知道这些都是蔑视上司的行为，你很容易被上司认为是一个恃才傲物和喜欢挑战上司权威的人，从而失去信任。

所以，留一半清醒留一半醉，谦虚和谨慎的态度自然会博得上司的信任和赏识。要记住：与上司一起走路时，要走在他后面；与客户谈生意时，如果一个关键数字上司忘记了，在上司停顿的瞬间及时地提“台词”；在业务会上，对自己的远见卓识有意打点埋伏，留下空间给上司作总结；当然，在平时要经常向上司请示汇报，不擅自做主，特别是一些决策性的工作，都要等上司表态。

在职场中，没有人不想出人头地，每个人都有自己的“野心”，但是切忌太过外露。你的“志向”和“企图”即使是正当的，一旦在你身上得到表现，总会有人感到受了威胁。他们可能会利用手中的权力或影响力对你进行打击，使你过去的一切努力都化为泡影。不让自己的光芒遮盖上司，只有谦虚守礼、尽心尽力，才能得到领导的看重、关心和爱护，上下级关系才能做到良性互动，才能更为融洽和谐。

少一点争辩，有时候也得替上司“背黑锅”

能主动为上司揽过，既是一种胸襟，更是一种在职场上生存的必备智慧。也许上司也已经知道自己做错了，但因为面子上挂不住而不肯承认，如果你硬要揭穿的话，说不定他会把你视为一个“不识抬举”的可恶“刺儿头”，从而不给你晋升加薪的机会，那你的职场生涯就将困难重重了。

上司不是神，其决策就会有失误之时。即使一直正确，群众中也可能出现对立面。这时，也许有些人会站在群众一边，同领导对着干，这样做无疑是掉进了晋升道路中难以自拔的陷阱。最聪明的做法是，当领导与群众发生矛盾时，你应该大胆地站出来为领导做解释与协调工作。而作为领导，当最需要人支持的时候你支持了他，也就自然视你为知己。

中国人酷爱面子，有“人活一张脸，树活一张皮”的说法，尤其做上司的更爱面子。作为上司，若不慎做了错误的决定或说错了什么话，如果下属直接指出或揭露上司的错误，无疑是向他的权威挑战，会损害他的尊严，让他觉得很没有面子。这时候，最聪明的做法就是主动把错误承担起来，给你的上司一个台阶下。

公司营销部经理方臣因为没有及时与客户联系，导致公司白白损失了几百万元。方臣在全公司的大会上受到总经理的指责，并扣发了他们部门所有职员这个月奖金和年终奖金。这样一来，营销部所有员工都很不理解，认为是方经理办事失当造成了公司的巨大损失，责任却由大家来承担，所以一时间怨声载道。这一处境令方经理非常难堪，甚至一度无法好好地开展工作。

这时秘书筱瑶站出来对大家说："大家伙别这样，方经理也不想这样啊。其实方经理在受到批评的时候还为大家据理力争，要求总经理只处分他自己而不要扣大家的奖金。"听到这些，大家对方经理的气消了一半儿。筱瑶接着说："方经理从总经理那里回来很难过，表示下月一定想办法补回奖金，把大家的损失通过其他的方法补回来。"筱瑶又对大家说："其实这次失误除方经理的责任外，我们大家也都有一定的责任。请大家体谅方经理的处境，齐心协力，把公司业务搞好。"

最后，筱瑶的调解工作获得了很大的成功，大家对这件事也慢慢释怀了。按说这并不是秘书职权之内的事，但筱瑶的做法却让方经理如释重负，心情豁然开朗。接着方经理又推出了自己的方案，让大家的年终奖又有了希望。这无疑进一步激发了大家的热情，纠纷很快得到了圆满的解决。筱瑶在这个过程中起到的作用是不小的，方经理当然对她另眼相看。可见，善于为领导排忧解难，对于升迁竞争的确是有利的。

在上司最需要的时刻，挺身而出做他的"挡箭牌"，为他化解尴尬、窘迫的局面，会让他从内心接纳你，并心存感激，也许你会突然发现，原来比较一般的关系更加密切了；原来只是工作上的关系，现在却增加了感情上的色彩；原来对你的评价一般，而现在一下子发现了你更多的优点，你原来的缺点也似乎得到了"重新解释"；甚至你会发现，你的晋升之日已经指日可待了。

能主动为上司揽过，既是一种胸襟，更是一种在职场上生存的必备智慧。因此，一旦碰到诸如此类的情况时，一定要学会随机应变。

“怎么搞的，检查组明天就来，事先怎么没人告诉我？”局长接了上级的电话，气冲冲地闯进办公室主任的屋子。

“我，我，我把通知……”办公室主任本想解释，可局长的表情不容他解释。

“你看，这事怎么处理？什么准备都没做！”

“对不起，局长，是我粗心大意，我马上去准备。”办公室主任诚惶诚恐地说，“我马上回去找找那份文件。”

其实，责任还真不在办公室主任，他一接到上级的检查通知，就马上把通知送往了局长办公室。当时，局长正在打电话，见他手拿通知进去，就用眼神示意他把通知放在桌上。

“可能我一走，局长就把这事给忘了。”办公室主任心里想，但他没有吭声。

他只是快速跑去局长办公室，找出那份通知，按照通知要求，连夜加班加点，打电话、催数字……最后，终于在检查组到来之前，把所需要的材料全都准备好了。

检查顺利通过。办公室主任松了一口气，局长也松了一口气，他决定好好培养办公室主任。

局长之所以决定好好培养办公室主任，是因为办公室主任有责任心、敢担当吗？确实如此，不过，更重要的原因是他对办公室主任产生了一种“互惠心理”。从心理学角度上来讲，一般人都有一种互惠心理，就是说，得到别人的好处后，就想要回报对方。本来是局长自己把文件撂在一边，既不翻阅，也不签字，当有关部门追究时，他反而质问下属为何不提醒他或早点给他，他似乎在有意推卸责任。其实，他可能早已知道是自己的不对了，只是碍于面子，而不愿面对现实承认错误罢了。如果下属不了解这一点，而直接点破"机关"，无疑就是拿自己的前途开玩笑。

当上司用自己的错误向你发难的时候，千万不要气急败坏地为自己辩护，或是哭泣、愤怒、批判他人的不足之处用。这样不明智的做法只会激怒眼前的上司，而且还会将你看做是"不知天高地厚的狂妄分子"，也很可能就此加大鞭策力度，以此来惩罚你的"狂妄"或"不知悔改"。

聪明的职场人都知道，当上司出错的时候，偶尔也帮他背背黑锅；当自己有成绩的时候，将自己的成绩归功上司，把本该属于自己的镜头悄悄地让给上司。擅长处理上下级关系的人，都会将自己的功劳淡化，甚至必要的时候将一切功劳、成绩、好名声都归之于上司，那么，你离"平步青云"的日子也就不远了。

少一点抱怨，机会远比薪水重要

一个人参加工作不能单单为了薪水，这是无数事业成功人士的经验，他们工作的目的绝不是为了那一份收入，他们看到的是工作背后的机会、学习环境和成长过程。那些工作中能尽职尽责、坚持不懈的人，终会有获得晋升的一天，薪水自然也会水涨船高。

经常听见很多人恨恨地抱怨说："我的薪水与我的付出根本就

不成正比！”这是很多初入职场的人常常会进入的一个误区，总对公司的待遇不满足，觉得公司对不起自己，认为自己应该拿更高的薪水。其实，当你对公司有价值时，你的价值才会被认可。一个没有任何价值的员工，对公司来说，无疑就是一个累赘，只会浪费公司的钱财，阻碍公司的发展，甚至在某些时候给公司带来不必要的麻烦。

人生在世，每个人总是想获得更多的东西：名声、地位、金钱……但往往忘记了，没有什么东西是可以不劳而获的，任何东西都需要通过自己的付出去换取。有所得就有所失，成功也是如此，你只有先付出自己的努力，才能从别人那里得到属于你的回报。

因此，当你抱怨公司支付的薪酬太低时，不妨扪心自问你为公司带来了什么，你的价值体现在了哪里。如此，才能知道自己真正的分量，而不是一味地要求公司应该怎么做。

其实，一个人工作不能单单为了薪水，这是无数事业成功人士的经验，他们工作的目的绝不是为了那一份收入，他们看到的是工作背后的机会、学习环境和成长过程。那些工作中能尽职尽责、坚持不懈的人，终会有获得晋升的一天，薪水自然会水涨船高。

著名的卡罗·道恩斯原来是一名普通的银行职员，当时他的薪水虽然不算太高，但也能满足温饱。后来，他改行受聘于一家汽车公司，薪水是原来的一半。他应聘这份工作的原因是喜欢这份工作，所以尽管薪水很低，他还是决定把握这次机会。

工作中，他一直激情万丈，从不偷懒，并且比所有的员工都勤奋。当同事们抱怨待遇差或跳槽到待遇好的公司时，道恩斯却始终保持积极的工作热情，而且他珍惜每次老板交给他的任务，在他眼里，任务就是机会。工作了 6 个月之后，他的业绩很突出，这时，他想试试是否有提升的机会，于是直接写信向老板杜兰特毛遂自荐。老板给他的答复是："任命你负责监督新厂机器设备的安装工作，但不保证加薪。"

对于这份新任务，道恩斯对于该怎样做没有什么把握，他没有受过任何工程方面的培训，根本看不懂图纸。但是，他不愿意放弃任何机会，哪怕未加薪水，他也觉得值得付出比往常更大的劳动量。于是，他发挥自己的领导才能，自己花钱找到一些专业技术人员完成了安装工作，并且提前了一个星期。结果，他的薪水上涨了，整整增加了 10 倍，他也坐上了部门经理的位子。

之后老板告诉他："其实，刚开始我就知道你看不懂图纸，但是我让你做的唯一理由就是你有一颗进取的心。如果你随便找一个理由推掉这项工作，我可能会让你走。"

后来，随着事业的不断发展，道恩斯成为轰动一时的千万富翁。退休后，他担任某联盟的顾问，此时，他的年薪只有象征性的 1 美元，但是他仍然不遗余力，乐此不疲，因为他懂得，机会比薪水更重要。

有些薪水原本是很微薄的人，忽然被提升到重要的职位上，这看来似乎有点不可思议。其实是因为在拿着微薄薪水的时候，他们也在工作中付出巨大的努力，尽职尽责的工作，获得了充分的肯定，这些便是他们忽然获得晋升的原因。

夏雨峰是英泰克国际集团的执行总裁，他的经历被誉为"最快的职场晋升神话"。从默默无闻的小员工到鼎鼎有名的集团总裁，他的职场之路看似顺利得让人羡慕，但这其中却有着许多不为人知的辛酸。

夏雨峰是靠自己的双手打拼出来的，对于成功，他的深刻体会就是：首先要明白你能为公司创造什么价值，其次，就是你是否为公司贡献了你全部的价值。明白了这两点，想不成功都难。

2003年的春天，夏雨峰毕业后在北大青鸟做市场专员，这是一份很普通的工作，月薪也很低。一个堂堂的MBA毕业生去做只有初、高中毕业生才做的工作，但他却很重视这个机会，工作十分努力。

在北大青鸟做市场专员的时候，他比谁都卖力，经常主动加班，尽管从来没人要求他这么做。他要给自己"充电"，让自己具备为公司创造更大价值的能力，从而对得起公司所支付的工资，也让自己从中更快地成熟起来。

夏雨峰是这么想的，也是这么做的。10个月后，由于业绩突出，他被升任为青鸟培训中心的校长。当时，培训中心之间是有竞争的，但他并没有把自己仅仅定位在一个培训中心的校长。在工作的过程中，他毫无保留地将自己的成功经验拿了出来，介绍给其他有竞争关系的培训中心。他还常常把自己的经验全盘托出，与同事分享，甚至帮助他的上司获得能力上的提升。表面上看起来，他好像吃亏了，自己辛辛苦苦换来的经验转眼就拱手送给别人了。但在他的帮助下，他的上司，也就是培训中心的副总裁得到了提升，因此这个位子就空了出来。毫无悬念，夏雨峰被升任为培训中心的副总裁，又一次实现了职场上的飞跃。

没过多久，夏雨峰的努力换来了他人生中又一个机会——英泰克国际集团看中了他在中国IT培训领域的经验，请他过去做总裁。

就这样，夏雨峰成了英泰克国际集团的执行总裁、英泰移动通信学院的CEO，也完成了从一个普通职员到美国纳斯达克上市公司总裁的跨越，而中间的时间差不到3年。在这个过程中，夏雨峰的体会是：只有为公司创造了价值，公司才能给你提供更广阔的发展空间。

公司支付给你微薄的薪水，你固然可以不认真工作，可是你应当明白，雇主支付给你工作的报酬是金钱，但你在工作中所获得的乃是珍贵的经验、优良的训练、才能的表现和品格的树立，这些东西的价值比多钱要高出千万倍。

调查显示，长期的抱怨会导致一个人失去对公司的忠诚，使他们在抱怨中失去工作的激情。同时，抱怨所到之处，必定人心惶惶，影响整体的工作效率。一个团队中如果经常有人抱怨，势必会影响其他人的工作积极性，产生不良影响和心理暗示。严重的时候还会削弱团队的士气，导致工作效率急剧下降。

每个人都要为薪水而工作，薪水能解决面包问题、解决生存问题，但是比面包更可贵的，就是在工作中发展自己的潜能，尽自己的才能，创造自己的事业。

也许，你目前从事的工作对你来说是“屈才”了，但是，请不要忽视眼前的工作，因为你的加薪晋升都需要从现在的工作上考核。如果你能把目前的本职工作做好，让上司满意，当机会来临的时候，上司一定会优先考虑你，而不是那些本职工作做不好却怨声载道的职员。

祸从口出，未可全抛一片心

办公室是工作的地方，不是互诉心事的场所。我们身边总有这样一些人，他们喜欢向别人倾吐苦水。虽然这样的交谈能够很快拉近人与人之间的距离，使你们之间很快变得友善、亲切起来，但心理学家调查研究后发现，事实上只有1％的人能够严守秘密。说不定某天会因你的“倒苦水”而丢了工作，丢了老板对你的信任。

职场险恶，人心隔肚皮。在以利益为重的现代社会，一些人戴着一副虚假的面具对待自己的同事，客套话、假话连篇。当与同事交往时，不要轻易交心。因为同事之间的明争暗斗在所难免，随便交心泄露自己的“底牌”，等于是把自己置身于危险的境地之中。一旦对方成为你的对手，他就能针对你的弱点先发制人，占据竞争的主动权。

对于那些专门揭他人之短、传他人之私的“长舌妇”或“大嘴巴”而言，搬弄是非往往是他们心存隐疾的表现。心理学研究表明，人们最喜欢看到那些比自己强的人物走霉运，因此捕风捉影的花边新闻总在报端长盛不衰。

八卦一向是同事间联络感情最佳的共同话题，尤其在茶水间、洗手间这两间“谈话室”里，往往是流言的最大集散地，也是大家说老板坏话的“秘密花园”。同事之间免不了聊聊天，说说是非，你需要做的就是仔细倾听，察言观色，认真琢磨就行，不要声明你的立场和见解，如果对公司内幕以或纷争完全不知而盲目地发表意见，说不定就会站错立场，冒犯或得罪了他人。

性格文静的杨阳是一家出版社的编辑，因为天性喜欢写作，她对自己的工作很是满意，所以她不但不会抱怨工作的枯燥，而且热情有加。但最近杨阳很苦恼，因为在一个月前，升职加薪的名单中没有出现她的名字，做事情懒懒散散，嘴巴爱奉承人的小许居然榜上有名。

杨阳怎么也想不通，愤愤不平之余就把自己一肚子的委屈告诉了跟自己交情不错的同事，说现在办公室升职加薪完全不是看谁有本事，主任根本就不重视水平问题，只会把眼睛放在那些溜须拍马的人身上。

跟同事倾诉完没多久后，杨阳明显地感觉到主任对她的另眼相待，对她的口气也比平常恶劣，并且在一些事情的决定上处处压制她。

在评年终奖的时候，主任以单位人力资源部对她的绩效考核不及格为由，再一次让杨阳升职加薪的愿望破灭了。

显然，杨阳升职加薪梦的破灭跟她的嘴巴不无关系，可见，同事不是互相倾诉心事的对象。有很多性格豪爽的人，喜欢向同事倾吐苦水，虽然这样的交谈能让你们之间的关系变得友善，但是心理学家调查研究指出，只有不到 1% 的人能够严守秘密。所以，当你的个人危机、牢骚、失恋等情况发生的时候，最好不要向同事诉苦。

然而，就算你在办公室受了多大冤屈，苦水满腹，都不应该向同事诉苦，第一，没有人有义务当你的“情绪垃圾桶”；第二，办公室不是你找心理医师的地方，有些人会以为互相交换心事是两人结盟的保证，但万一有一天两个人不再是朋友呢？过去的秘密可就成了对方手上的把柄了。

把同事当知己的害处很多，职场是竞技场，每个人都可能成为你的对手，即便是合作很好的搭档，也可能突然变脸，你暴露的越多越容易被击中。

阿柳平时在单位是个大大咧咧的人，业务好，在办公室也很勤快，做卫生、打水、有时候还主动加班。平常单位的事、同事的事，她都十分热心。可是干了很多，就是得不到好评，每年的年底评先进，根本就没有她的份。为此，她非常苦恼，后来还是一位同事开玩笑似的道出了原委。

一次，单位组织人到外面搬东西。很多人看到以后，故意跑得远远的。阿柳当时还有点感冒，但她还是主动帮忙搬东西，累得满头大汗。回到办公室后，她的嘴就没有闲着，发了一大堆的牢骚："干活的时候找不到人，大部分的人都是属狐狸的，狡猾着呢！领导这时候怎么不出来看呢，我干了也是白干！"

这天，快要下班的时候，单位突然说来了任务要加班。可是多数的人都已经趁着经理不在偷偷溜了，只有阿柳等几个人仍在办公室工作，所以，加班的任务就只能落在他们身上了。第二天到了办公室阿柳又是发了一通牢骚，说："干了的不如不干的，公司的领导眼睛瞎了，提前下班的人都没有管，可能是装没看见。"下午开会的时候，经理表扬了昨天加班的几位同事，但唯独没有表扬她，还不点名地批评了她发牢骚，素质不高，等等。

年底，单位开始发年终奖。她看到很多经常迟到早退的同事都能领到年终奖，牢骚又开始了：单位风气怎么这样差，根本就没有严格的标准制度；领导没有长眼睛，怎么好坏都不分；等等。

生活在职场中，一定要管住自己的嘴，不利于团结的话坚决不要说。要知道，很多牢骚发了以后，根本就没有用，也解决不了任何问题。办公室是工作的地方，不是互诉心事的场所。所以，当你的生活出现个人危机，如失恋、婚变之类，最好不要在办公室里随便找人倾诉；当你的工做出现危机，如工作上不顺利，对老板、同事有意见、有看法，你更不应该在办公室里向人吐露。

职场上风云变幻，环境险恶，你不害人，但同时也不得不防人，把自己的私域圈起来当成办公室话题的禁区，轻易不让公域场上的人涉足，其实是非常明智的一招，是竞争压力下的自我保护。“己所不欲，勿施于人”，如果你不先开口打听别人的私事，自己的秘密也不易被打听。

俗话说，祸从口出。只要人多的地方就会有闲言碎语，办公室是一个是非之地，所以在和同事交往中一定要把好口风，什么话能说；什么话不能说，什么话可信，什么话不可信，都要在脑子里多绕几个弯子，心里有个小算盘，这样才能够与大家和谐相处，避免犯下不可挽回的错误，以免给自己的工作带来影响，同时也影响你的人际关系，甚至会给你以后的职场道路埋下隐患。

八面玲珑，巧待职场“倚老”派

对于初来乍到的职场新兵，注意和老员工搞好关系，适度的“嘴巴甜，手脚勤”是必要的，有助于给别人留下良好的第一印象。“使唤”和“被使唤”的关系是不可能平等的，尽管“被使唤”能够取悦别人，但却难以获得别人的尊重。因此，面对职场上的“倚老”派，一定要小心应对，以免伤了和气。

新人一进入职场，最怕遇到喜欢倚老卖老的同事，处处干涉、事事指导，无法好好施展自己的能力，总是被“老资历”牵制。一旦遇上这样的人，一定要小心应对，不能伤了彼此的和气。

一般来说，会倚老卖老的同事，在公司里通常是年资已久、经验丰富，却升不上去的人。不过，这样的人除非是喜欢过度吹嘘自己或通常手中都握有筹码，他们才敢如此倚老卖老。例如，他们在业务上都具备一定的经验与能力，而且往往是部门的意见领袖，但是可能因为缺乏领导的特质，而未获得升迁。

小丹刚进营销部工作，对陌生的工作环境还不熟悉，因此在如何处理办公室人际关系时碰到了难处。也许是因为她性格比较柔和，也没什么太多的棱角，再加上刚入公司不久，因为小丹特别想尽快跟每个人都搞好关系，几乎对每个人都有点“唯唯诺诺”。但让她感到气愤的是，自己在公司中除了要完成自己的工作之外，还要帮公司的同事做很多的琐事，比如说倒茶、扔垃圾、跑腿、寄快递、叫饭、叫水、买办公用品甚至连吃饭的饭盒也要帮忙扔。尤其是部门的阿娇经常以“老资历”的口吻给她“安排”本应自己该干的工作，还经常说些“你还太年轻”的话。还有位同事不会上网，所以总让小丹帮她发邮件。有时甚至半夜打电话过来，让她帮着收发邮件。

小丹在公司身兼“行政、出纳、助理”三大职位，她的存在，就像便利贴一样，人人都可以撕下来就用，谁都可以“使唤”她。小丹心想，我已经很迁就他们了，可他们还是倚老卖老、摆资格、摆架子。跟他们吵吧，显得斤斤计较，不成熟，也影响同事关系和领导形象；不吵吧，还真咽不下这口气。小丹不明白，做那些事情并不累，但是他们为什么不自己做呢？使唤别人心里很舒服吗？

其实，小丹遇上的就是“倚老派”，因为不会处理与他们的关系，才会造成了小丹沦为“便利贴”的命运。

在职场上，万一碰上爱倚老卖老的同事，实在干涉过多，他的看法也与你相反时，千万不能与他正面冲突。从心理学的角度讲，这样的人通常都爱面子，为他保留颜面、给予充分的尊重，才是上策。新人只要在表面上显示服从的态度即可，仍然可以做自己认为正确的提案，无须正面与他们争论。

另外，不论他们是否倚老卖老，都值得新人好好看齐与学习。正所谓见贤思齐，见不贤内自省。新人可以从“老资历”身上，看到一件事情不同的角度，帮助自己培养多面思考与判断能力。

尤其是初涉职场的大学生之所以被冠以“职场新生代”之名，是因为他们要完成校园到职场这一特殊转换。对于他们来说，这是一次残酷的考验，他们必须依靠自身和有限的外界力量使自己迅速成长起来。所以，在公司，那些新手就一定要做到以下两点。

1. 为人态度要谦和

“新生代”往往好高骛远，自视甚高，在初涉职场时，认为自己的大学毕业生身份有所不同，所以总以为大材小用，心比天高，看不起职场中比自己学历低的同事。但是，公司的老员工一定也有值得你学习的地方，因此，要学会谦和，虚心接受别人的意见。

2. 热心跑腿

“新生代”缺乏工作经验，很希望能有公司的前辈来教教自己该如何工作。但是前辈们大多都有自己的工作，这个时候，多吃点亏，热心跑跑腿，比如帮他们发个传真、做个简报等，帮助他们完成分内的工作，这样，他们才会有时间和你交流。

对此，某公司行政人事部人事主管李燕认为，职场新人免不了要成为便利贴的角色，关键是要调整好心态去应对。“我也曾是便利贴。”李燕用自己的经历现身说法。虽然做人力资源的工作已经6年，在这之前，李燕最早却是做出纳，她也做过不少办公室的杂事，但她是带着一份快乐的心情去做的，认为这就是同事间的帮忙。“新人刚到一个公司，给领导倒杯水，帮同事复印，并不算分外的事情，有时候做好小事情也很重要。”李燕说，“新人的资历尚浅，工作量不饱满，帮别人做些事情很正常。”

在做这些工作时，新人通常分为两类。一类是主动去做这些事，愿意多付出一些。而另一类则想，我拿我的薪水，做好我的工作就行了。通常来说，领导会更喜欢第一类员工，他们会认为，认真去做一些琐事，说明在工作上很积极主动，才会慢慢地让这个人去做更多的事情。

在柯金斯担任福特汽车公司总经理时，有一天晚上，公司里因有十分紧急的事，要发通告信给所有的营业处，所以需要全体员工协助。不料，当柯金斯安排一个做书记员的下属去帮忙装信封时，那个年轻的职员傲慢地说：“这不是我的工作，我不干！我到公司里来不是做套信封工作的。”

听了这话，柯金斯一下就愤怒了，但他仍平静地说：“既然这件事不是你分内的事，那就请你另谋高就吧！”

所以说，要想纵横职场，取得成功，除了尽心尽力做好本职工作以外，还要做一些分外的工作。这样，可以让你时刻保持斗志，在工作中不断地锻炼自己，充实自己。当然，分外的工作，也会让你拥有更多的表现机会，让你把自己的才华适时地表现出来，引起别人的注意，得到“倚老派”的认同和重视。

对于初来乍到的职场新兵，要注意和老员工搞好关系，适度地“嘴巴甜，手脚勤”是必要的，有助于给别人留下良好的第一印象。注重人际关系建设无可非议，但要有一定的界限，更不能牺牲做人原则和违反企业规定。另外，不论人际关系有多么重要，尽快提升自己的工作能力和素质应始终放在第一位。

对一个新人而言，当务之急自然是尽快融入部门组织，适应企业文化与环境。所以，新人不妨换个角度来看待喜欢倚老卖老的同事，发觉并善用他的优点，将这些经验复制成自己的优点。新人可以先观察“倚老”同事，借以了解组织形态；此外，不要直接反驳他们的看法，以免因为得罪他们而间接坏了与其他同事的关系；并应该运用他们喜欢指导“菜鸟”的心态，在最短时间内熟悉业务内容与流程，只有这样，才能在竞争中立于不败之地。

第三章

投资经商的心理学

投资经商是一门很深的学问，它不仅需要一定的社交能力、管理能力，更需要较强的心理分析能力和承受能力。作为商人，必须对市场的需求有深入的了解，才能迎合市场，“投人所需”，在市场上占有一席之地。

突破思维，从多个角度考虑问题

人往往会被固有的常识所困住，思维一直在一个圈圈里打转，谁能突破这个桎梏，谁就是赢家。善于思考的人，往往能从多个角度去分析和思考问题，毕竟事物的发展都不是孤立、片面的，而且多角度地研究问题，也更容易找到问题的根本所在。

吉尔福德认为，人在解决问题时，思维常常“从同一来源中产生各式各样、为数众多的输出”，即在一段时期内不拘一格地朝着多种方向去探寻各种不同的方法、途径及答案，这种呈散射型或分叉型的思维模式就叫作“发散思维”。不少心理学家认为，发散思维是创造性思维最主要的特点，是测定创造力的主要标志之一。它并非天生，它来源于平时对事物的观察、对信息的留心，并有意地培养自己发散性的思维方式。有这么一篇文章，写的是如何处理滞销的豆子。

如果你是卖豆子的商贩，豆子卖得动，直接赚钱当然最好；但如果豆子滞销，你依然有很多办法处理滞销的豆子：

第一，你可以考虑让豆子沤成豆瓣，卖豆瓣；如果豆瓣卖不动，腌了，卖豆豉；如果豆豉还卖不动，加水发酵，改卖酱油。

第二，可以将豆子做成豆腐，卖豆腐；如果豆腐不小心做硬了，改卖豆腐干；如果豆腐不小心做稀了，改卖豆腐花；如果实在是太稀了，改卖豆浆；如果豆腐卖不动，就搁点盐和调料，放上几天，改卖臭豆腐；如果还卖不动，就让它长毛彻底腐烂后，改卖腐乳。

第三，让豆子发芽，改卖豆芽；如果豆芽还滞销，再让它长大点，改卖豆苗，这玩意现在时兴；如果豆苗还卖不动，就让它再长大一点，干脆当盆栽卖，给它取个时尚点的名字“豆蔻年华”。

第四，如果还卖不动，干脆把豆苗种下去，灌溉施肥，三个月后，收获豆子再拿去卖。

这篇文章虽然带有调侃的意味，但其中所折射出来的发散思维却不得不让人惊叹。可见，要成功就必须不断地变化思考的角度，针对同一个问题不能墨守成规，这样才能探求出各异的解决办法。

人往往会被固有的常识所困住，思维一直在一个圈圈里打转。在市场上，谁能突破这个桎梏，谁就是赢家。善于思考的人，往往能从多个角度去分析和思考问题，毕竟事物的发展都不是孤立、片面的，而且多角度地研究问题，也更容易找到问题的根本所在。

这天，一位犹太商人走进纽约市中心的一家银行，他身穿笔挺西装，脚蹬高级皮鞋，手戴名贵手表。他对贷款部经理说：“我想借些钱。”经理问：“您要借多少？”犹太商人说：“1 美元。”经理觉得难以置信：“只需要 1 美元吗？”犹太商人非常坚决：“只需要 1 美元就可以了。”贷款部经理非常有礼貌地说：“1 美元也需要担保。”

这时候，这位犹太商人的行为令经理大惑不解，只见犹太商人从皮包中取出了一大堆股票、国债以及贵重物品放在柜台上，说：“总共价值 50 万美元，您看够了吗？”贷款部经理被这么多抵押品吓呆了，他将 1 美元拿给了这位犹太商人，对他说：“年利息为 6%，只要您付 6% 的利息，一年后我们会将这些抵押品还给您。”

在一旁旁观的银行行长觉得这位犹太商人真是奇怪，为什么要用这么多的抵押品来借1美元呢？于是，他走向前去询问道："先生，我有事向您请教。我实在是不明白您为什么要借1美元。看您的打扮穿着，不像是缺少1美元的人啊。而且，您用那么贵的抵押品借1美元，那为什么不在我们银行允许的范围内多借一点呢？"

犹太商人看着满脸真诚的银行行长，幽默地说："在我来贵行之前，曾经走访过几家金库，但是他们的租金都太昂贵了。所以，我选择了你们银行，一年只需要6美分。"行长恍然大悟，原来，他是花6美分让银行帮他保管那些贵重的财产。

按照习惯性思维，贵重的物品就只能放在金库的保险柜里面，但是，这位聪明的犹太商人却没有按照习惯性思维办事，他选择了银行。这样，既达到了保障财产安全的目的，又大大地节省了保管费用。

在这个竞争激烈的社会中，墨守成规、不懂得变通的人必将会被社会的潮流所淘汰。只有那些敢于打破常规、善于使用发散思维的人才能看到另一片蔚蓝的天空。

犹太人考比尔·琼斯是美国20世纪50年代最著名的出版商。当时，受美国经济危机的影响，他有一批滞销书。当他苦于这些书不能脱手时，他灵机一动，决定要给总统送一本。政务缠身的总统根本就没有时间与他纠缠，为了尽快地摆脱他，就敷衍他一句："这本书不错。"听完这话，出版商便抓住了商机，大做广告："现有总统喜爱的书出售。"于是这些书很快就被销售一空。

一段时间后，琼斯又有一批书卖不出去，他便又送了一本给总统，总统觉得自己上当了，被琼斯利用了自己的声望。鉴于上次的教训，总统就想好好地奚落他一下："这本书真的是糟透了。"不料琼斯又在广告上大做文章："这是总统最讨厌的书！"这立刻就激起了人们的好奇心，很多人都争相抢购，书又被销售一空，之后又被加印了几次还供不应求，琼斯也因此大赚了一笔。

当琼斯第三次送书给总统时，总统吸取了前两次的教训，干脆不予回答并且将书弃之一旁，琼斯这次又做起了广告："这本书总统已经阅读了两个月了，但没有发表任何意见。这是总统难以下结论的书，欲购从速。"于是，市场上又出现了抢购热潮。

见端而知末，一叶而知秋。不是所有的商机都会明白无误地摆在人们面前，信息需要发掘和捕捉，机会只青睐那些善于发现和把握它的人。也不是所有的信息都会直接带来商机，它们往往会有一个发生、发展、成熟，甚至是迂回的过程，能够在事件还没有明朗化的情况下采取行动的人，才是把握先机的人，才会是最早的赢家。

放大顾客的问题，弄清顾客的需求

分析对方的心理，知道顾客想要什么，满足他们的这些需要。成功的沟通，靠的是准确地把握别人的观点，这是古德定律的精髓。企业若想要长久地发展，就要使顾客满意，因为顾客就是上帝。如果企业不知道消费者需要的是怎样的产品，那它肯定生产不出让消费者满意的产品。

索尼公司的便携式随身听曾被誉为20世纪最成功的消费品发

明之一，它的销售热潮达到了创世纪的历史纪录。可是你知道为什么当初随身听会设计成磁带盒大小吗？索尼公司的副总裁高条静雄先生的回答是："其实原因很简单，之所以这样设计是因为这样的随身听可以放在衬衣口袋里，可以满足出行者的消费要求。而之所以这个产品能这样成功，只是我们公司站在消费者的角度，进行了一次简单的换位思考而已。"

一家玩具公司因为销路的问题濒临破产，公司的研发人员想破了脑袋都想不出提高销量的好办法。后来，让众人大跌眼镜的是，老总居然把一个正在上小学的小男孩请到公司当研发部的负责人，他唯一的工作就是负责告诉研发人员那些玩具他是否喜欢，他还比较喜欢什么样的玩具。半年后，这家公司的玩具销路就打开了。

成功的沟通，靠的是准确地把握别人的观点，这是古德定律的精髓。分析对方的心理，知道顾客想要什么，满足他们的这些需要，企业才能长久地发展。如果企业不知道消费者需要的是怎样的产品，那它肯定生产不出让消费者满意的产品。

一个女人单独入住酒店，经常会惹来怀疑的眼光，而且经常得到恶劣的服务；酒店的大堂里挤满了男人或男男女女，对于一个正经的女人来说，有时会觉得很不自然，很不舒服。

踏入伦敦的丽芙酒店，你一定很快发现一种十分奇怪的现象——看不到一个男人。"我所接触过的很多女客人都说，她们住在那些男女混杂的酒店里，通常是在房间里进餐的。"酒店的老板卡露希望她的住客有一种安全感，不会受到任何性骚扰。

很多女人发现这家酒店是天赐的乐园，这也是这家酒店大受欢迎的原因。在丽芙酒店，性骚扰、窥视和单刀直入的挑逗，是无任何用武之地的。这幢 4 层高的维多利亚时代建筑物，已成为英国唯一的女人酒店。

丽芙酒店只开业几个月，就已大获赞赏。卡露曾是一名教师，但她放弃了教育工作，去实现做老板的雄心，她对单身住在酒店女人的期望和要求，了解得很清楚。在这方面，她有第一手的经验。

为了办好女性酒店，卡露扔掉了教鞭，攻读酒店管理课程，然后用 6 个月的时间在几间酒店工作，吸收实际的经验。丽芙酒店开业后，业绩不俗。应该承认，她的这项经营是成功的。

星巴克除了关心人们喝咖啡的愿望，还关注人们希望在一个优雅的环境中聊天的欲望。其实，每个品牌的背后都存在他人的关注。就像星巴克，其品牌战略管理首先要形成一个开放的品牌管理视角与理念。通过星巴克我们可以知道，品牌所包含的内容错综复杂，是商品属性、名称、包装、价格、声誉等的综合体。在当代社会中，品牌及其意义可能更加具有象征性、感性、体验性，是无形的，与品牌所代表的观念和精神有关，它表达的是企业与消费者之间的关系。

现代企业的最佳赢利方式就是共赢，要想达到双方的共赢，就必须找到所谓的共赢点，这个点的关键就是首先知道对方想要的是什么，也就是把对方想要的作为共赢点。如果我们在寻求合作的时候遇到障碍，就需要高度重视了。首先应该想到，是不是没有满足对方最想要的。变换角色，深入体察之后，要想办法尽量满足。唯有这样，双方才会合作愉快。

可口可乐公司总裁罗伯特·伍德鲁夫是一名天才的推销员。刚出任可口可乐公司总裁，他就提出了“要让全世界都能喝到可口可乐”的口号。由于当时国际市场还没有打开，可口可乐只能推广到加拿大、古巴、德国等少数国家，雄心勃勃的罗伯特·伍德鲁夫为此很是伤神。

那时正逢日军偷袭珍珠港，美国被卷入了第二次世界大战的旋涡。紧张的战事使得可口可乐的状况更加严峻，就在罗伯特·伍德鲁夫一筹莫展的时候，一位朋友的电话启发了他。

这位叫班塞的朋友是麦克阿瑟将军麾下的一名上校参谋，刚从菲律宾回国，就打电话问候罗伯特·伍德鲁夫。罗伯特·伍德鲁夫对班塞的问候深有感触：“百忙之中还能想到我，你真让我感动。”可是班塞笑着说：“我可不是想你啊，我是想你的可口可乐。在菲律宾，气候很闷热，让人心情糟透了。我那时就在想，要是能喝上一大桶的可口可乐，那该是多么令人振奋的事情啊！”

没想到班塞的一席话让罗伯特·伍德鲁夫茅塞顿开：要是每一位海外的士兵都能喝到可口可乐，就会在无形中给我们做免费广告。最重要的是，当地百姓说不定也会受影响，购买我们的可口可乐……

他越想越兴奋，第二天就起了个大早，找到国防部的官员谈起供应战士们可口可乐的问题，但这些官员根本就没有兴趣听罗伯特·伍德鲁夫的计划，他只能悻悻地离开了。回公司后，他就开始找文案高手来撰写宣传稿。在计划书中，他们强调要对战士的生活加强重视，当战士们执行战务回来后，一定是精神疲惫、口干舌燥，若在这时能喝上一瓶清凉沁脾的可口可乐该是何等美事！最后，罗伯特·伍德鲁夫还对计划书亲自进行修改，并命名为《完成最艰苦的战斗任务与休息的重要性》。

罗伯特·伍德鲁夫随即召开了一个记者招待会，他再次强调："可口可乐公司这次的举动纯粹是为战士们谋福利，而不是营利的商业行为。我们把可口可乐送到战场上，是对在海外为国奉献的战士们表示关怀。"

没过多久，五角大楼的官员们经过仔细研究和讨论后，同意了这一举动，并同意在战地设厂生产可口可乐，而可口可乐因此也名扬世界。

所以，当你在和别人进行合作时，或者在和别人进行第一次生意时，你首先应该想到的是，你可以为他们做出什么样的、超出他们预期的、无私的事情。你为他们所做的事情越多，你也就越有可能和他们建立并发展良好的、持久的人际关系以及生意合作。有需求才有市场，知道消费者需要什么，才能让自己的产品有市场。

有句话说得好，你要想钓住鱼，就要像鱼那样思考。所以，在商场上，设身处地为客户想想，了解别人的意愿比一味地请求对方要高明得多。只有你换位思考，才能真正体察别人所需，办起事来才会把力使在点子上。

欲取先予，用小投资换取大利益

"欲取先予"的手段之所以容易成功，就在于它符合人们礼尚往来的心理活动规律。一般而言，不论办什么事其实都是对某种利益的追逐。而要在社会上获得某种利益，就必须保持一种相对稳定的利益平衡关系。

对于一个成功的商人来说，他总能以宏观的战略思想去思考自己事业未来的发展，妥善地处理好局部与整体、眼前与长远的关系，并能提前预见未来的潮流走向，把握市场。但对于大多数商人来说，他们往往没有放眼未来的眼光，他们只看重眼前的利益，而忽略长远的利益。

某城郊外，有一块闲置多年的不毛之地。有一天，土地所有者终于想出了一个主意，他找到当地政府部门，对官员说："我这块地不要钱，我想把它捐给政府盖所大学，怎么样？"当地政府欣然接受他的建议，并马上调拨资金，组织施工，一年多的时间里建起了一所颇具规模的高等学府。有大学就有学生，有学生就要消费。土地所有者因赠地建校的义举，轻易地取得了政府支持，在校门外建起了公寓、饭店、商场、影剧院等，形成商业一条街。仅仅只用了一年，赠送土地的损失，他就从商业经营中赚了回来。赠送土地、兴办学校是很光彩的事，服务教育事业，赚取一定的利润也在情理之中，可谓予之有术，取之有道。

《孙子·始计篇》说："夫未战而庙算胜者，得算多也；未战而庙算不胜者，得算少也。多算胜，少算不胜，而况于无算乎？""庙算"就是商议、谋划，也就是用谋。这位土地所有者正是精于庙算，巧妙地运用了取予之术，使一片荒凉的土地，变为财源滚滚的商业宝地。

能成就事业的人不是只看眼前的利益，而是放眼未来让目光看得更远！俗话说：聪明的人想得通，精明的人看得准，高明的人看得远。有一种说法，人的一生只有三次机会，而每一次机会在你面前停留的时间也只不过七秒钟，你能把握住哪一次机会呢？

日本有一家颇有口碑的策划公司，在刚起步时，几经周折，终于接手了某著名饮料公司的一次宣传活动。当时，客户公司只愿意支付4万美元作为整个活动的经费，很多人对此颇有微词，觉得活动经费实在是太少了。但这家公司为了做好这项业务，上下动员，甚至连总经理也亲自赴美督阵。每一个细节，每一个步骤都要求让客户百分之百满意。宣传效果可想而知，该地区立刻掀起了饮用该品牌产品的热潮。

活动结束后，公司算了算一共花费了12万美元，比预算高出了整整8万美元，员工们都连连说这次做了亏本生意，真是亏大了！而该公司的总经理却说："虽然我们付出了3分的努力，可能只能得到2分的回报，甚至可能没有回报，但是我们从中学到的东西却是无价的。"一个星期后，很多知名企业纷纷找上门来，要求该策划公司接手他们公司的宣传策划活动。

原来，上次策划的巨大成功让该公司的知名度大大提升。这样看，应该没有人说上次是一次亏本的生意了。

从以上事例可以看出，企业在经营活动中，"欲取先予"不失为一种高明的"投入产出"观。因为从表面上看，未取先予有吃亏之嫌，但从长远看，企业只要能获得消费者情感的认同，就能获得整体上的经济效益。

1977年，31岁的臧健和辞去了护士的工作，带着两个年幼的女儿踏上了去泰国与丈夫团聚的旅途。可是到了泰国，她怎么也没有想到丈夫已经在泰国娶妻生子了。臧健和无法接受这样的事实，毅然带着两个女儿离开了泰国，来到了举目无亲的香港。当时，她身上只剩下几百元港币和几百元人民币。

1978年，她开始了自己的“水饺生涯”。虽然日子过得很是清苦，但值得欣慰的是，她的水饺在市场上很受欢迎，“臧姑娘水饺”的名声也渐渐扩大了。随着水饺的知名度日益提高，一家日资百货公司的老板提出要与她合作，并承诺给她开工厂。

对于臧健和而言，这无疑是一种巨大的诱惑。但是，日本商人提出要重新包装她的水饺作为他们的产品来卖。臧健和毫不犹豫地拒绝了，她心想：我自己只是没有注册品牌，没有专利技术，但是配方和销售渠道我还是有优势的。当时“湾仔码头”水饺已经小有名气了，如果合资生产就相当于把配方和销售渠道都奉送了别人，虽然他们开出的条件很诱人，但是这么做无异于被别人抽走了底牌。于是，她坚持要在包装上保留“湾仔码头”的商标和自己的地址、电话。

最终，日本商人做出了让步。今天，“湾仔码头”早已经不是当年街头小贩的产物了，而是在各大城市的超市、大卖场销售的包装精美的速冻食品。

投资者一定要认清楚眼前的哪些利益是局部的，有些事情虽然从眼前看利益不是很明显，但如果从长远利益来看确实受益无穷，所以不要为了一些小利而失去了长远的利益。选择机会的时候，要把握住哪个才是最好的时机，要看清长远利益与暂时利益的差别，不要为了一时的得利而放弃了未来的前途。

剑走偏锋，高风险也意味着高利润

投资心理学和决策心理学研究过，在很多时候，风险和机遇、成功都是并存的，有时危险越大，蕴藏的商机也越大。可以说在现实中很少有人不想有所作为，成就一番事业，但是又很少有人愿意承担成功过程中的风险，一个人如果可以摆脱失败带来的恐惧感，摆脱风险带来的心理压力，就可能爆发出连他自己也想不到的潜能。不愿担风险的人很可能永远超脱不了平庸，永远得不到想要的财富。

高利润往往伴随高风险而来，但是冒险必须与准确的判断相配合，要看得准并大胆、果断地投入。高风险，高利润这是一对矛盾体，不管从事什么事业，若没有风险，利润肯定不高；有高利润，往往带来高风险。事物总有其特殊的一面。有时候，某种商品的价格如果上涨了，消费者对它的需求量不降反升。

逆向思维又称反向思维，是指从反面提出问题和思索问题的思维过程，是以背离常规的思维方法来解决问题的思维方式。对商家而言，反其道而行之是逆向思维的一种表现，是一种高深的谋略。一旦这种谋略运用得当，就能取得理想的效果。

在中国市场上，哈根达斯的价格比普通冰激凌贵5~10倍，比同类档次产品贵30%~40%。要论价格，哈根达斯毫无优势可言，但它通过独特的营销策略，在中国做成了顶级冰激凌品牌，做得深入人心，甚至成为时尚生活的标志。

哈根达斯动辄上百元的价位让普通冰激凌自惭形秽，这也让它享有“冰激凌中的劳斯莱斯”的美称。经历了40多年的风雨兼程，哈根达斯已在全球55个国家开设了700多家专卖店和几万家零售点，从西方到东方，从蓝眼睛到黄皮肤，它跨越了地域和种族的限制，成为追求高雅时尚生活人士的共同语言。在许多人心里，哈根达斯卖的不是冰激凌，而是对生活的梦想！

1961年，哈根达斯诞生于纽约的布朗克斯，它的创始人便是鲁本·马塔斯。20世纪50年代，美国冰激凌市场竞争越来越激烈，40多岁的马塔斯敏锐地发现，低价冰激凌市场已日渐成熟，小作坊式的冰激凌生产根本不可能有大的作为。另外，由于冷冻技术的发展，许多制造商在冰激凌中加入了更多的空气、稳定剂和防腐剂，以延长产品的保质期并降低成本，使冰激凌质量大不如前。于是，马塔斯立志要生产纯天然、高质量、风味绝佳的冰激凌产品，抢占高品质冰激凌的市场空间。他推出三种口味的高档冰激凌，香草、巧克力和咖啡，主要针对一些高级餐厅和商店，1961年产品正式命名为“哈根达斯”。

马塔斯高价位的经营策略无疑具有风险性，然而最终让他获得了极大的成功。哈根达斯上市后很快一炮走红，并在全球带来了一场冰激凌革命。在随后的几十年里，哈根达斯尽管几易其主，但其品牌形象却一直未变，马塔斯独到的商业眼光和其后对品牌形象的维护，让哈根达斯至今仍独秀于顶级冰激凌行列，成为优质生活和品位的象征。

正如许多顶尖奢侈品牌，哈根达斯走的是“曲高和寡”的经营路线，它必须突显自己的品牌个性。马塔斯在创立哈根达斯之初，便明确地喊出了自己的宣言“制造最好的冰激凌”，在其后的发展历程中，无论是制作、选料、产品定价，还是专卖店设立、宣传策略等，哈根达斯都尽善尽美，体现出对其傲人品质的孜孜以求，使品尝哈根达斯冰激凌成为一种难忘的体验。

哈根达斯的经营策略是通过价格的提高既能抵消高服务的成本，又对消费群体进行筛选。哈根达斯胜在对目标客户的细分和把握上，这也是一个典型80/20原则，即企业80%的利润由20%的顾客创造。在定位目标市场上，哈根达斯的中国市场之路延续了创立之初的市场策略。在很多竞争者以为中国国内的市场正陷于价格战的时候，哈根达斯正凭借着高超的市场敏感度和营销手段，开辟了一个高端市场。

1925年卢作孚创办了民生公司，民生公司是当时民族资本中规模最大的一个航运企业，它的船队不仅航行在整个长江，而且出海，远涉重洋。

这一年卢作孚决定在嘉陵江重庆到合川一线开展新航运路线，他的这一决定让人觉得不可思议。因为当时在重庆和合川之间，不但嘉陵江水流湍急，两岸山势险峻，并且常有干着杀人越货勾当的土匪出没。一般来说，民航往返，除非出钱请军队护航，否则，在这里航运是危难重重。

但是卢作孚就是认准了这一条线路，坚决不改变自己的初衷。因为这条线路与成都、重庆之间的东大路里程相隔不太远，如果经营得好，取代东大路是很有可能的事。他认为困难是客观存在的，但是并不可怕，完全可以通过自己的努力克服；而且他的计划确实有利可图。说干就干，首先，他通过地方势力争取了陈书龙支持。

陈书龙为了地方的繁荣，增加税收，支持了卢作孚的建议。然后，他还通过同学的关系取得了刘湘的帮助，刘湘还特地为此成立峡防局，建立峡防队，凭借武装力量消除了土匪的隐患。就这样，民生公司的油轮就在渝合线上畅行无阻了。

渐渐地，川江两岸繁荣起来，民生公司的业务也蒸蒸日上。几年后，卢作孚筹足资本，使民生成为一家规模巨大的航运组织。他开辟渝合航线的决定，具有很大的风险性，但他却敢于大胆决策并获得了成功。他的高明之处就在于能够透过风险看到有利条件，看到风险化为高利润的可能性，并且在决策之后踏踏实实地采取了实施措施。敢冒风险，是所有成功企业家的重要特质。

在现代社会中，存在着许多我们未知的东西，我们不可能做到每个项目都有百分之百的把握，再加上现在多变的环境、广阔的市场和激烈的竞争，大大增大了投资的风险系数。在这样的情况下，能否勇敢面对风险就成为对投资者的重大考验。

投资者要对效益和风险两者做对比、权衡，要对主客观条件所具备的程度做分析研究，然后做出决策。效益大而没风险，这当然是再好不过，但在现实生活中，是不太常见的。一般来说，那些看上去越是可能获得高收益的方案，包含的风险也往往越大。只有把这种风险转化为机会的主客观条件，这才是正确的风险决策。因此，投资者要在敢于担风险的前提下，把革命精神和科学态度结合起来，做出科学的决断。

事实上，在很多时候，风险和机遇、成功都是并存的，危险越大，蕴藏的商机也越大。一个人如果可以摆脱失败带来的恐惧感，摆脱风险带来的心理压力，就可能爆发出连他自己也想不到的潜能。不愿担风险的人很可能永远超脱不了平庸，永远得不到想要的财富。

风光无限、凤毛麟角，是每一个从商者的愿望，但如果没有承担风险的勇气和胆识，是永远不会实现愿望的，只有不怕风险，视风险为“游戏”，才能实现更大的抱负，拥有更多的财富。就这些而言，就是每个想成功的商人应该做的。

因此，对于投资者来说，要敢于冒险，敢于承担责任。也就是说，要有胆识，有勇气，要清醒地预测到项目、计划的风险程度，在实施项目、计划之前要想到最坏的可能性并拟定出相应的对策。

注重细节，才能造就完美

西方有句谚语说得好，魔鬼存在于细节。一直被全球化工行业尊为“经营之神”的王永庆曾指出：精于细微才能真正提高企业的水准。不能只重视“面”和“线”，而忽视了“点”；应该重视“点”，“点”真正完善了，“线”和“面”就简单了。各事物所谓基本问题还是在“点”上，因此，成大事者一定要注重细节。

“丢失一个钉子，坏了一只蹄铁；坏了一只蹄铁，折了一匹战马；折了一匹战马，伤了一位骑士；伤了一位骑士，输了一场战斗，输了一场战斗，亡了一个帝国。”这个西方谚语里因为马蹄铁上一个钉子的丢失导致一个帝国灭亡的悲剧在我们的生活中时刻上演着。这种由于一件表面上看来毫无关系，非常微小的事情，带来巨大改变的现象，在心理学中被称为“蝴蝶效应”。

“蝴蝶效应”的说法源于20世纪60年代，美国麻省理工学院气象学家爱德华·罗伦兹用一种形象的比喻来表达这种微小差异带来的巨大影响：一只小小的蝴蝶在巴西上空振动翅膀，它扇动起来的小小旋涡与其他气流汇合，可能会引起一个月后美国得克萨斯州的一场风暴；亚马孙流域的一只蝴蝶扇动几下翅膀，就可能会掀起密西西比河流域的一场风暴。这并不是气象学家危言耸听，类似这样意想不到的“魔力”也存在于我们的人生历程中。

细节，常常发生在不经意间，但却可以聚沙成塔，集腋成裘；细节，也常常不被人重视，但日积月累，小小的细节就变成了一种习惯，这种习惯可以是一种陋习，也可以是一种修养。可见，成大事者更要注重细节。

西方有句谚语说得好，魔鬼存在于细节。一直被全球化工行业尊为“经营之神”的王永庆曾指出：精于细微才能真正提高企业的水准。不能只重视“面”和“线”，而忽视了“点”；应该重视“点”，“点”真正完善了，“线”和“面”就简单了。各事物所谓基本问题还是在“点”上，因此，成大事者一定要注重细节。

世界十大饭店之一的泰国东方饭店堪称亚洲之最，几乎天天客满，不提前一个月预订很难有入住机会。用他们的话说，只要每年有1/10的老顾客光顾饭店就会永远客满。东方饭店为何能有如此巨大的客户群呢？答案就是细节的完美、到位，使得东方饭店建立了一套完善的客户关系管理体系，这就是东方饭店成功的秘诀。

李先生因为生意经常需要去泰国，第二次下榻东方饭店的时候，他对饭店的好感迅速升级。那天准备吃早餐的时候，楼层服务员恭敬地问道：“李先生，您是要去用早餐吗？”李先生正吃惊她怎么知道自己的姓氏，服务员微笑着说：“我们饭店有规定，必须背熟所有客人的姓名。”刚走进餐厅，服务员小姐微笑着问：“李先生，还是要老位子吗？”李先生更吃惊了，心想：“最近的一次在这里吃饭也有一年多了，难道这位小姐的记性这么好？”像是看出了他的疑惑，服务员小姐解释道：“我刚刚查过电脑记录，您在去年的6月8日，在靠近第二个窗口的位子上用过早餐。”李先生就餐时饭店赠送了一碟他不认识的小菜，就问：“这是什么？”服务员后退两步答道：“这是我们特有的小菜。”为什么要后退两步呢？原来服务员是怕自己说话时口水不小心落在客人的食物上。这种细致的服务让李先生很是感动。

但是最让他感动的是，他在家过生日的时候突然收到了一封来自东方饭店的生日贺卡，并附上了一封信，信上说东方饭店的全体员工十分想念他，希望再次见到他。李先生激动得热泪盈眶，表示下次去泰国一定还要入住东方饭店，并向所有去泰国的朋友推荐东方饭店。

其实，东方饭店一直是采用传统的服务方法。只不过他们并不局限于达到规定的服务水平，而是紧紧抓住了在别人眼里毫不起眼的服务细节，坚持不懈地把人性化服务延伸到方方面面，利用更胜一筹的细节服务赢得了每一位顾客的心。

细节最容易为人所忽视，所以最能反映一个人的真实状态，因而也最能表现一个人的修养，透过细节看人已经逐渐成为衡量和评价一个人的最重要的方式之一。正所谓，成也细节，败也细节。一个人的素质能从细节中体现出来，因为只有从细节上严于律己的人才能真正把事情做好。那些看起来微不足道的细节往往能反映一个人的素质。

某工厂为了能从美国引进一条生产无菌输液管的先进流水生产线，经过了差不多一年的努力，最终说服了对方合作。美方代表已经来到了中国，只等在签约合同上签字了。

就在签约的那一天，在步入签约现场的时候，厂长因为咳嗽了一声，一口痰涌上来，他向四周看看，一时可能没有找到痰盂，便随口吐在墙角，并小心翼翼地用鞋底蹭了蹭。那位美国人见此情景不由得皱了皱眉，显然，这个随地吐痰的小小细节引起了他深深的忧虑：输液软管可是专供病人输液用的，必须绝对无菌才能符合标准，可西装革履的厂方代表居然会随地吐痰，看来工人的素质也不见得会高。他当机立断，拒绝在合同上签字。这就意味着该厂近一年的努力在转眼间化为灰烬。

纵观成功人士的成功之道，不难发现他们都把细节贯彻始终。海尔总裁张瑞敏先生曾说："什么是不简单？把每一件简单的事情做好就是不简单。什么是不平凡？把每一件平凡的事做好就是不平凡。"

一件平凡的小事、一个微小的动作有时就是扑朔迷离的人生中重要的转折，因为"天下难事，必作于易，天下大事，必作于细"。立大志，干大事，这种精神固然可嘉，但只有脚踏实地地从小事做起，从点滴做起，抓住细节，才能成大事。

小事成就大事，细节成就完美。在小事上认真的人，做大事一定会成绩卓越。同样，对于情绪中的小波动，我们要及时调整自己的心态，避免由于情绪中的"蝴蝶效应"而产生一系列不良的影响。

争做第一，给客户留下深刻的印象

心理学研究表明，人类对任何堪称“第一”的事物都具有天生的兴趣，并有着极强的记忆能力以及追随心理。第一印象，是在短时间内以片面的资料为依据形成的印象。心理学研究发现，第一印象作用最强，持续的时间也长，比以后得到的信息对于事物整个印象产生的作用更强。

1910年，德国行为学家海因罗特在实验中发现一个十分有趣的现象：刚刚破壳而出的小鹅，会本能地跟随在它第一眼见到的自己的“母亲”后面。但是，如果它第一眼见到的不是自己的母亲，而是其他活动物体，如一只狗、一只猫或者一只电动玩具鹅，它也会自动地跟随其后。尤为重要的是，一旦这只小鹅形成了对某个物体的跟随反应后，它就不可能再形成对其他物体的跟随反应了。这种跟随反应的形成是不可逆的，也就是说小鹅承认第一，却无视第二。这种现象后来被另一位德国行为学家洛伦兹称为“印刻效应”。

其实，在认知上，人类也摆脱不了那只小鹅的命运，承认第一，却无视第二。在生活中，多数人会对第一情有独钟。比如我们能将第一任老师记住；初恋的记忆异常深刻；对第一次发工资、第一次出远门的情形难以忘却，但对“第二”就没有那么深刻的印象了。

在市场上，第一品牌的市场占有率往往是第二品牌的数倍，所有的企业都希望把自己的企业做到第一。但是在公司中二把手总不被人注意，而实际二把手往往是真正把企业做到第一的重要人物。

心理学研究表明，人类对任何堪称“第一”的事物都具有天生的兴趣并有着极强的记忆能力以及追随心理。第一印象，是在短时间内以片面的资料为依据形成的印象。心理学研究发现，第一印象作用最强，持续的时间也长，比以后得到的信息对于事物整个印象产生的作用更强。

某资深顾问就曾经指出，保持和复现，在很大程度上依赖于有关的心理活动第一次出现时注意和感兴趣的强度，并且这种先入为主的第一印象是人的普遍的主观性倾向，会直接影响到以后的一系列行为。

美国通用电气公司前任CEO杰克·韦尔奇就深谙“印刻效应”之道，并应用于企业经营之中。韦尔奇在上任的第一次年会上，就提出了“要做第一，只要不是第一，第二的部门就关门”。他宁可把失去竞争力的部门卖给对手，也不愿意让其留在通用公司苟延残喘。对于韦尔奇来说，通用电气要是不能做第一，还不如让员工选择到其他公司工作。由于韦尔奇坚定的信念，通用电气在20世纪最后20年里，在经济不景气、其他企业纷纷倒闭的严峻形势下，成为美国最成功的企业。

有人计算过，在市场上最先进入消费者心里的商品品牌，比第二位的品牌同期市场占有率要多一倍以上，而第二位的占有率又比第三位多一倍以上，显然“第一”具有巨大的优势。

为什么世界上聪明的人很多，而成功者却很少？那是因为很多聪明人在具备了不少成功的条件时，仍在瞻前顾后因而失去了机会；而成功者却从不等待万事俱备、时机成熟，而是主动去尝试，主动去创造成功的机会，做第一个让小鹅看到的人。

一个品牌要想做到最好，不被其他产品欺压在下，在品牌推向市场的初期，就一定要想办法拓宽市场，争取做到第一。只有第一才能占领市场，只有第一才能更好地控制市场的导向。

“脑白金”总裁史玉柱曾多次在营销会议上强调“史玉柱营销法则”，其第一法则就是“做一个产品必须要做第一品牌，否则很难长久，很难做得好，不做第一就不能真正获得成功”。为了当第一，“脑白金”投入巨额广告费。所以脑白金的“收礼只收脑白金”的广告留给人的印象特别深刻，很多人因此记住了脑白金。当消费者购买保健礼品时，会不自觉地想起“今年过节不收礼，收礼只收脑白金”。脑白金以礼品定位稳居保健品头把交椅，在春节、中秋等送礼旺季尤为火爆，成为“第一个让小鹅看到”的保健品。

一些曾经对脑白金不屑一顾的人，在面对选择送礼的佳品时，都还是很自然地选择了脑白金，如果你要问他原因，他会说：“这个毕竟熟悉一些，其他的也不知道到底怎么样。”

可见，脑白金还是凭着印刻效应获得了胜利。人们通常对第一的印象是最为深刻的，而对于第二、第三则没有什么印象，这种现象就是人们经常说的“先入为主”。敢做吃螃蟹的第一人，当还没有人吃的时候就要抓紧时间占据市场的第一位，等到大家看见你成功的时候，都会追随着前来，等到追随者多了的时候就毫无竞争力可言，更无利润可言了。与其活在别人的阴影下，不如去另辟天地。当然这也要看个人的能力而定，你如果没有强大的开拓能力或仍处于学步阶段，那就先跟在别人后边吧，至少风险小些。

绝处逢生，转危机为契机

心理学家曾研究表明，危机可以大大激发人的潜能和斗志。身陷绝境的时候，正因为没有了退路，我们也就没有了选择的犹豫，没有了再固守现状的可能，我们唯一可以做的是勇往直前，倾尽所有到我们现在的事业中。

我们大多数人的体内都潜藏着巨大的才能，但是这种潜能酣睡着，一旦被激发，便能做出惊人的事业来。而人只有到了前无去路、后有追兵，感到一切外援都已丧失的时候，才会发掘出全部的内在力量。

有这么一个故事，一头驴子不小心掉进了一口枯井里，农夫绞尽脑汁也没有想出办法把驴子救上来，几个小时过去了，驴子还一直在枯井里哀嚎着。

最后，这位农夫决定放弃，并决定把枯井填起来。于是，农夫便请邻居们帮忙一起填井。就在人们将泥土铲进枯井的时候，井里的驴子意识到自己的处境，开始叫得很凄惨，但是慢慢地，它安静了下来，因为它发现了一个自救的好办法。

人们发现，当铲进枯井的泥土落在驴子背上的时候，它就把背上的泥土抖一抖，然后站在落下的泥土堆上。很快，这只驴子便上升到了井口——它得救了。

在人生的道路上，总是有许多不可预见的危机潜伏在我们的身边。面对危机，不管你怕也好，不怕也好，它总会在你不经意的时候悄悄降临。其实，外界的危机并不可怕，可怕的是我们对这种危机的麻木不仁和茫然无知。危机对我们来说绝对不是只有消极的一面，一次灾难也有可能成为一次契机。

在美国新墨西哥州的高原地区，住着一位靠种植苹果谋生致富的果农。这年夏天，一场冰雹把已经快要上市的苹果打得七零八落，苹果表面也是坑坑洼洼，令丰收在望的果农心痛不已。他苦苦思索着要怎样才能把这些"伤痕累累"的苹果销售出去。

大约过了一个月，这些苹果的"伤口"逐渐愈合，但却有点"面目全非"的感觉。果农随手摘下一个苹果一尝，发现这些经过冰雹"洗礼"的苹果反而变得清脆异常、酸甜可口。这时候，果农心情豁然开朗，因为他想到了该如何将这些苹果推销出去。他在发给每一个客户的订单上清楚地写上这样一段话："今年的苹果终于有了高原地区的特有标志——冰雹的痕迹。这些苹果不仅从外表上而且从口味上更加体现了高原苹果的独特味道，实属难得的佳品。数量有限，欲购从速。"于是苹果很快就销售一空。

面对危机，是惊慌失措还是积极化解，往往是事业成败的关键。面对"伤痕累累"的苹果，如果果农怀着消极的心态，他可能看不到它的任何价值；而正是因为果农怀着积极的心态，在细心观察后才发现它的独特价值，并找到卖点。可见，危机和契机是并存的，只要有着良好的心态，危机也可以转化成契机。

在福特公司工作已经32年、当了8年总经理的艾柯卡，突然被老板给炒鱿鱼了，他痛不欲生，对自己失去了信心，便每日与酒为伴，认为自己要崩溃了。

就在这时，艾柯卡接受了一个新的挑战：应聘到濒临破产的克莱斯勒汽车公司出任总经理。凭着智慧、胆识和魄力，艾柯卡对克莱斯勒进行了大刀阔斧的改革、整顿。凭借着出色的口才说服了国会议员，成功地向政府申请到了巨额贷款。在他的领导下，克莱斯勒公司在最黑暗的时期推出了K型车的计划，这个计划的成功实施令克莱斯勒公司起死回生，成为仅次于通用汽车公司、福特汽车公司的第三大汽车公司。

1983年7月13日，艾柯卡把一张面值高达8.13亿美元的支票交到了银行代表的手里，这一天，他还清了所有的债务，而这一天恰恰正是5年前他被炒鱿鱼的那天。

所以说，危机能激发人们竭尽全力，但积极的心态尤为重要，其核心就是主动意识。科学家研究发现：人类脑细胞多达140亿个，但是普通人却只用到了其中5%～10%，绝大多数脑细胞都处于“待业”状态。即使像爱因斯坦那样伟大的科学家，利用的脑细胞也没有超过18%。可见，每个人的身上都蕴含着相当大的潜能。

每个人生来都是一个天才，找到自身潜能最佳点的人获得了成功，而那些被认为能力平庸者，只是还没有找到属于自己的舞台。世界上没有绝对的垃圾，只有放错了地方的宝藏。

因此，面对突如其来的打击，冷静思考才是最好的选择。有时候看似再无希望的绝境中恰恰会暗藏玄机，孕育生机。

利用从众心理为自己赢得市场

心理学家指出，人们总会自觉或者不自觉地以多数人的意见为准则，并做出判断，进而采取与众人相符的同一种行为。因为在多数情况下，众人都去做的事情往往是正确的，人们参与到这样的行为中，可以使其获得更好的评价以及更多的利益，甚至少走弯路、少犯错误，所以人们习惯性地受周围人做法的影响，也便不足为奇了。

从众指个人受到外界人群行为的影响，而在自己的知觉、判断、认识上表现出符合于公众舆论或多数人的行为方式。有学者曾进行过从众心理实验，结果在测试人群中仅有 1/4 ~ 1/3 的被试者没有发生过从众行为，保持了独立性。可见从众心理是一种常见的心理现象。

从众现象在我们的生活中比比皆是。比如在电影院，如果前面有几个人突然回头，那后面的大部分人就都会跟着回头，看看到底怎么回事，其实可能什么事都没有。又比如在大街上有两个人在吵架，这本不是什么大事，结果，后面的人停了脚步，也伸头向人群里观望，人越来越多，最后连交通也堵塞了。

关于从众心理，美国人詹姆斯·瑟伯有这样一段十分传神的文字描述：

突然，一个人跑了起来。也许是他猛然想起了与情人的约会，现在已经过时很久了。不管他想些什么吧，反正他在大街上跑了起来，向东跑去。另一个人也跑了起来，这可能是个兴致勃勃的报童。第三个人，一个有急事的胖胖的绅士，也小跑起来……10 分钟之内，这条大街上所有的人都跑了起来。嘈杂的声音逐渐清晰了，可以听清“大堤”这个词。“决堤了！”这充满恐怖的声音，可能是电车上一位老妇人喊的，或许是一个交警说的，也可能是一个孩子说的。没有人知道是谁说的，也没有人知道真正发生了什么事。但是 2000 多人都突然奔逃起来。“向东！”人群喊叫了起来。“东边远离大河，东边安全！向东去！向东去！”

可见，从众心理对人的影响确实很大。造成人产生从众心理的原因是多方面的。在群体中，个体不愿因标新立异、与众不同被孤立，当他的行为、态度与意见同别人一致时，会有“没有错”的安全感。从众源于一种群体对自己的无形压力，迫使一些成员违心地产生与自己意愿相反的行为。

中国有句俗话：“一人胆小如鼠，二人气壮如牛，三人胆大包天。”这句看似庸俗简单的话，形象且精辟地说明了人们的从众心理。生活中的任何事情都是这样，首先不论好坏，只要有人敢做，其他人便会蜂拥而至。因为很多时候，当众人都参与到其中的时候，便会被少数人理解为是合情合理的行为，进而引发更多的人参与其中。譬如随意跨栏，随意横穿马路，随意践踏草坪，流行某一颜色的服饰，说某句经典的台词……正是人们习惯于从众，所以从众心理常被人们利用作为影响他人为自己服务的有利工具。

20 世纪 70 年代迪斯科（Disco）在美国刚刚开始流行，尽管舞厅内部有很多空位，但一些舞厅老板，还是会留部分顾客在舞厅外面排队等候。舞厅老板为什么这样做？显然，他正是利用人们的从众心理，为了给舞厅造出一种声势——舞厅现在的生意很好，有如此多的人在排队等候，这些被留在外面等候的人，便会成为造声势的载体，吸引更多的“真正顾客”。渐渐，排队的人就会越来越多。

从众性是与独立性相对立的。从众性强的人缺乏主见，易受暗示的影响，容易不加分析地接受别人的意见并付诸实行。在商业活动中，有不少人专门利用人们的从众心理来达到某种目的，如某些商业广告就是利用人们的从众心理，把商品炒热，从而达到目的的。

在澳大利亚，一个名为“Supre”的服装连锁店某年跟风开发了“O.C.”品牌（源自美剧《The O.C.》，中文译名为《橘子郡男孩》）的青少年服装，主打产品是彩色 Polo T 恤、大学主题套头衫和斜纹七分裤，这些元素加起来，就是所谓的“家境优裕的女中学生形象”。

店经理劳伦·钱德勒表示：“我们一开始拿不准产品是否能畅销。”事实表明，当地消费者对“O.C.”服装的需求远远超出店家的预想，“Supre”每周都得加大“O.C.”入货量。钱德勒将“O.C.”服装的热销归结为青少年的从众心理，她说：“这个年龄的女孩子都希望有这么一个人让她们崇拜、模仿其衣着。她们最怕被看做与同龄人不同。”

除了直接出售“O.C.”的服装，精明的商家还在诸多介绍“O.C.”的网站上添加了链接，让粉丝们直接购买自己喜欢的剧中人物所穿的服装。比方说，任性豪放女沙莫曾穿过一款 Camp Beverly Hills 的柠檬色斜纹衬衣，沙莫的粉丝们在网上欣赏沙莫玉照的同时，还可以点旁边的链接定购一件售价 19.95 美元的同款衬衣。

后来不仅是少女们疯狂地买这家服装店的衣服，从众心理让大家都疯狂。每个人都想要最流行的东西，都不想成为落伍的人。

心理学家指出，人们总会自觉或者不自觉地以多数人的意见为准则，并做出判断，进而采取与众人相符的同一种行为。因为在多数情况下，众人都去做的事情往往是正确的，人们参与到这样的行为中，可以使其获得更好的评价以及更多的利益，甚至少走弯路、少犯错误，所以人们习惯性地受周围人做法的影响，也便不足为奇了。

利用从众心理有利于提高推销效率，但要注意讲究职业道德，不拉帮结伙，不欺骗顾客，否则销售员会因此而信誉扫地，令顾客避而远之。

敢于创新，不做别人的跟随者

创新思维是一种积极的思维，在残酷的竞争面前，它会给企业拓宽道路，为企业带来生机和活力。在当今的市场竞争环境中，敢于创新，争做某一方面的领先者尤为重要。领先就意味着占领市场的制高点，拥有主动权。

法国心理学家约翰·法伯曾经做过一个著名的实验。他在一只花盆的边缘摆放了一些毛毛虫，让它们首尾相接，围着花盆一圈。他还在离花盆几英寸远的地方摆放了它们最爱吃的松针。因为毛毛虫天生就有跟随的习性，因此，它们一只跟着一只，盲目地跟随着前面的毛毛虫。这群毛毛虫就这样一天一天地兜圈子，连续七天之后，它们最终筋疲力尽而死。

法伯在他的实验总结中写道：在那么多的毛毛虫当中，哪怕只有一只与众不同，有点创新思维，它们也不会就这样丧命。从法伯的实验中可以得出一个结论：墨守成规只会让人失去竞争力，永远只能跟着别人的脚步走。

毛毛虫的悲剧就在于盲从，毛毛虫总习惯于固守原有的本能、习惯、先例和经验。人们也会经常犯这样的错误。随大流、绕圈子、瞎忙空耗，终其一生。从心理学上看，经验常常是思维的出发点，因而也是创新的出发点，然而经验也存在阻碍创新的可能性。特别是当经验通过反复运用、多次奏效，便极有可能积累和积淀为相对固定的思维模式，即把已有的经验固化，这就会导致经验主义，严重阻碍创新。

创新思维是一种积极的思维，在残酷的竞争面前，创新思维会给企业拓宽道路，为企业带来生机和活力。在当今的市场竞争环境中，敢于创新、争做领先者尤为重要。领先就意味着占领市场的制高点，拥有主动权。

创新思维作为对新事物或新现象的一种探索活动，正如心理学家皮亚杰曾说："智力的发展是一个不断的创造过程，发展过程中的一个阶段都产生了一些全新的与众不同的东西。"创新是一场活跃的思维细胞运动，是灵性的释放，是一个意想不到的四维空间。创新就是打破前人的常规，打破自身的习惯。成功往往青睐那些富有创新精神的人。

40 年前，美国宝洁公司开发部经理米勒先生新添了一个可爱的小孙女。在享受天伦之乐之余，米勒先生常常被频繁地换洗尿布所困扰。几番折腾之后，他萌生了一个大胆的念头："与其忙得满头大汗，为什么不能发明一种东西，让大家彻底摆脱换洗尿布之苦呢？”他立即回到宝洁公司的实验室并任命了一个专门的研究小组。

在经过了无数次的尝试和改进之后，他的梦想成真了——一种吸水性能良好、佩戴容易且舒适的一次性纸尿裤诞生了。宝洁公司将它命名为“帮宝适”，并于1961年正式推向市场，迎接它的是无数欣喜若狂的妈妈和她们的宝宝。

在以后的38年中，“帮宝适”经由宝洁公司的多次改进，成为行销全球100多个国家和地区的世界第一婴儿纸尿裤品牌。在美国，“帮宝适”已成为真正改变美国人生活的产品，其市场占有率达到了40%。在欧洲“帮宝适”也是家喻户晓，成为各国父母首选的婴儿护理用品之一。1997年，自“帮宝适”在中国面世以来，在目标消费者中的知名度已达到99%，成为市场上首屈一指的领导品牌。

作为婴儿纸尿裤最早的研究和开发机构，宝洁公司已成为世界上最大的纸尿裤生产商。宝洁公司先进的技术研究成果，为“帮宝适”系列产品赋予了强有力的品牌优势，成为获得婴幼儿保健权威机构“中国优生优育协会”认可和推荐的婴儿纸尿裤品牌。

社会不断进步，商家也得要与时俱进，不断创新，只有最新的东西才能激起大家的兴趣。创新思维体现一种积极的心态，凡是有所成就者，一般都有超出常人的创新思维。在残酷的社会竞争面前，创新思维会给投资者带来生机和活力，具有创新思维的投资者总是能脱离旧的轨道，打开新的局面。

被称为“东方犹太人”的温州人，经商本领全国有名。他们涉足社会各个行业，且都有所成就。人们一直想探究他们的“生财之道”，殊不知，敏锐的洞察力就是他们制胜的法宝之一。当欧盟最后决定推行使用欧元时，全球更多的人是在旁观，有人还在讨论欧元的前途如何。而温州人却已经测量了欧元的尺寸、样式，在加紧赶制专门用来装欧元的钱夹子，而这正是推行欧元后欧盟民众都需要的。欧元被推行之时，温州人做的钱夹子立刻占领了欧盟市场，温州人的洞察力又一次为他们赢得了一个广阔的市场空间。

世界上的事情有时就这么简单得让人难以置信：如果你墨守成规，等待你的很可能只有失败；相反，如果你稍微动一下脑筋，逆转一下正常的思路，从反面或侧面想问题，则往往能得出一些创新性的设想，从而获得成功。

在商场上，要想战胜对手就要学会创新，学会与众不同。跟随者只能跟着别人的脚步走，没有创新的脚步，缺乏创造力就只能永远充当跟在开拓者之后毫无建树的追随者。

有一年，市场预测表明，该年度的苹果将供大于求。这使众多的苹果供应商和营销商暗暗叫苦，他们似乎都已认定：他们必将蒙受损失！可就在大家为即将到来的损失长吁短叹时，聪明的贾某却想出了绝招！他想：如果在苹果上增加一个“祝福”的功能，即只要能让苹果上出现表示喜庆与祝福的字样，如“喜”字、“福”字，就准能卖个好价钱！于是，当苹果还长在树上时，他就把提前剪好的纸样贴在了苹果朝阳的一面，如“喜”“吉”“寿”等。果然，由于贴了纸的地方阳光照不到，苹果上也就留下了痕迹——比如贴的是“福”，苹果上也就有了清晰的“福”字了！这样的苹果的确少见，这样的创意也的确领先于人，正因为他的苹果有了这种全新的祝福功能，而这又是别人所没有的，他果然在该年度的苹果大战中独领风骚，赚了一大笔钱！

转眼到了第二年，贾某的这一手别人学会了，但仍然还是他的苹果卖得最火，为什么呢？因为他的点子想得更绝，他的苹果上不仅仅仍然有“字”，而且还能鼓励青睐者“成系列地购买”。原来，他早已将他的苹果一袋袋装好，且袋子里那几个有字的苹果总能组成一句甜美的祝词，如“祝你寿比南山”“祝你们爱情甜美”“祝您中秋愉快”“永远怀念你”等。人们再度慕名而至，纷纷买他的苹果作为礼品送人。

所以，当生活和工作遭遇挫折或陷入停顿时，我们不能再像毛毛虫那样做毫无意义的努力，而应该转变思路和善于另辟蹊径，以便更有技巧、更有效率地工作，从而达到事半功倍的效果。

市场发展到一定程度，资本越来越集中，竞争也必然越来越残酷。面对风云变幻的市场环境，很多企业陷入困境。在企业遇到困难的时候，我们需要用创新的思维来摆脱企业的困境。美国实业家罗宾·维勒说：“我成大事的秘诀很简单，那就是永远做一个不向现实妥协而刻意创新的叛逆者。”

创新是一个企业生存和发展的灵魂。创新是时代的主题，企业无疑应该深刻把握这个主题，实践这个主题，把企业发展建立在创新的基础上。在商业化社会里，是没有等式可言的。当你抱怨生意难做时，也许有人正因点钞票累得气喘吁吁，这里的差别可能就在于，你认为一加一永远等于二，他认为一加一应大于二。

感谢你的竞争对手

在商场中，没有必要厌恶你的对手、憎恨你的对手，而应该感谢你的对手。静下心来认真思考一下，也许你会发现，真正让你成熟起来的不是顺境，而是逆境；真正让你热爱生命的不是阳光，而是死神；真正促使你奋发努力的不是优裕的条件，而是遇到的打击和挫折；真正逼迫你坚持到底的不是亲人和朋友，而是你的对手；真正让你成功的，也许就是与你竞争的对手。

许多的人都把对手视为是心腹大患、异已，是眼中钉、肉中刺，恨不得马上除之而后快。其实只要反过来仔细一想，便会发现，拥有一个强劲的对手，反而倒是一种福分、一种造化。心理学家认为一个强劲的对手，会让你时刻有种危机四伏的感觉，这种心理上的恐惧会激起你更加旺盛的精神和斗志。

一位动物学家对生活在非洲大草原奥兰治河两岸的羚羊群进行过研究。他发现东岸羚羊群的繁殖能力比西岸的强，奔跑速度也不一样。对这些差别，这位动物学家曾百思不得其解，因为这些羚羊的生存环境和属类都是相同的，饲料来源也一样。有一年他在动物保护协会的协助下，在东西两岸各捉了 10 只羚羊，把它们分别送往对岸，结果运到西岸的 10 只一年后繁殖到 14 只，送到东岸的 10 只剩下 3 只，那 7 只全被狼吃了。

这位动物学家终于明白了，东岸的羚羊之所以强健，是因为它们附近生活着一个狼群；西岸的羚羊之所以弱小，正是因为缺少这么一群天敌。物竞天择，适者生存。这就是生物界的进化规律，也是人类社会的生存规律。西岸的羚羊正是因为对手狼的存在，为了生存调整了自己的奔跑速度，最终生存了下来。

当太阳升起时，非洲草原上的动物就开始奔跑，狮子知道，如果它跑不过最慢的羚羊就会饿死；羚羊也知道，如果它跑不过最快的狮子就会被吃掉。由此可见，如果一种动物没有天敌，该种群自然要面临绝种的危险；同样一个人没有竞争对手，那么这个人无疑要准备接受被淘汰的考验。

在中国历史上，周武王以残暴的商纣王为对手，得到广泛拥护，进而取而代之；越王勾践时时不忘自己的对手吴王夫差，因而“卧薪尝胆”，最终打败了对手；刘邦因为有项羽这样强大的对手而处处谨慎，最后夺得了天下。在竞技场上，各类体育运动员正因为有竞争对手，才不断创造出新的成绩；在生意场上，商家也因为有竞争对手，才不断改进经营和服务。

20世纪50年代末，乔治·约翰逊成立的约翰逊黑人化妆品公司是一家只有500美元资产、3个员工的小公司。当时美国的黑人化妆品市场全被佛雷公司占据。“该怎样才能迅速地立足与发展呢？”约翰逊苦苦思索着。

后来，他终于想到了一个好点子：用对手的产品来烘托自己的产品。于是他在广告中写道：“当你用过佛雷公司的产品化妆后，再擦上约翰逊公司的粉质膏，将会收到意想不到的效果。”公司的其他人对他的这种举动十分不解：“你这样做不是在为佛雷公司做免费广告吗？世界上难道还有替自己的对手做宣传的人吗？那佛雷公司的名气不是越来越大吗？”约翰逊笑着解释道：“正因为他们风头正盛，我们却没有名气才需要这么做。现在在美国没有几个人知道我约翰逊，但是如果我想办法站在美国总统身边的话，你们想一想这将是什么样的情况？我一定会成为家喻户晓的人物！所以，我们还得感谢佛雷公司呢。”

傲人的业绩证明了约翰逊的这一招奏效了，消费者很自然地接受了他们的产品。

如果对手风头正盛，自己却默默无闻，那为什么不像约翰逊一样，借对手的“风头”呢？“风头”本身就代表着一定的社会影响力和号召力，利用别人的风头做宣传虽然让对手的风头更盛，但不得不说这是一种双赢的选择。

正所谓“狭路相逢勇者胜”，正是由于对手，才使你认识到自己的不足，才使你认识到要发展自我，才使你认识到社会，乃至整个世界都无时无刻地在进步、在前行；它也能激励你去不断学习、不断发展。有了对手，才会有危机感，才会有竞争的动力。有了对手，你就不得不奋发图强，不得不锐意进取。对手有时就是催化剂，它能刺激你疲惫的神经。感谢你的对手，千万别把他当成“敌人”，而应该把他当作你的一剂强心针，一副推进器。

因此，在商场中，没有必要厌恶你的对手、憎恨你的对手，而应该感谢你的对手。静下心来认真思考一下，也许你会发现，真正让你成熟起来的不是顺境，而是逆境；真正让你热爱生命的不是阳光，而是死神；真正促使你奋发努力的不是优裕的条件，而是遇到的打击和挫折；真正逼迫你坚持到底的不是亲人和朋友，而是你的对手；真正让你成功的，也许就是你与对手的竞争。

聪明的商人卖品牌

一个企业要想做强、做大，必须时刻注意打造自身的品牌形象。因为品牌传递了企业和产品的某些独特因素，体现了本企业产品与其他企业产品有许多不同。企业应该认真分析自身的独特之处，如质优价廉、周到的售后服务等，再把这些特点贯穿到企业产品的设计、生产、营销、宣传中去，相信一定可以塑造出自己的特色品牌。

通过品牌，可以使广大消费者对一个企业及其过硬的产品质量、完善的售后服务、良好的产品形象、美好的文化价值、优秀的管理结果等形成一种评价和认知。品牌可以说是企业经营和管理者投入巨大的人力、物力甚至几代人长期辛勤耕耘建立起来的与消费者之间的一种信任。

在现代经济中，品牌是企业未来生存的关键载体，一种战略性资产和核心竞争力的重要源泉。品牌意识是一个企业对品牌和品牌建设的基本理念，是企业对其产品自觉维护并创成名牌的意识。它为企业制定品牌战略、铸就强势品牌提供了坚实的理性基础，成为现代经济竞争中引领企业制胜的战略性意识。

根据心理学的理论与营销实践的结合，我们可以得出这样一个公式：消费者对某个品牌或产品的预期 + 现实 = 失望 / 满意 / 惊喜。商家对消费者的承诺高过现实情况，也就是不能完全兑现承诺，就会造成消费者的失望，失望带来的后果是消费者离开该品牌，而这种离开还不同于因为有替代商品竞争或特殊原因的暂时性离开，这种失望后的离开意味着消费者80%不会再回头；当商家的宣传承诺能够兑现，则会换来消费者的满意和眷顾。

王永庆，是著名的“塑胶大王”，被人们尊称为“经营之神”。2004年，他以28亿美元的资产一跃成为我国台湾首富。

15岁那年，王永庆小学毕业，先到茶园做杂工，后到台湾南部嘉义县的一家小米店当了一年学徒。第二年，王永庆做出人生中第一个重要决定，开米店自己当老板，启动资金则是父亲向别人借来的200块钱。

问题随之而来，王永庆的小店开张后没有多少生意，原因是隔壁的日本米店具有竞争优势，而城里的其他米店又拴住了老顾客。但是，16岁的王永庆展现了超强的营销能力，不仅挨家挨户上门推销自己的大米，而且还免费给居民掏陈米、洗米缸。照现在的话说，王永庆向嘉义县老百姓提供的是针对性极强的个性化服务，因此，在维系客户关系上逐渐占了上风。

此外，当时大米加工技术比较落后，出售的大米掺杂着米糠、沙粒和小石头，买卖双方都是见怪不怪。但是王永庆想，为什么不把这些杂物都筛出来呢？这样自己的大米在质量上就能取胜了。于是，在每次卖米前王永庆和家人一起动手都把米中杂物拣干净再出售，没几天工夫，镇上的人都知道他的大米质量好，里面没有杂物，大家都愿意来他店里买米。买主得到了实惠，一来二往便成了回头客。起初王永庆的米店一天卖米不到12斗，后来一天能卖100多斗。

渐渐地，王永庆发现前来买米的客户差不多都是上了年纪的人，每次扛米回家，对这些人来说实在是一件非常吃力的事，于是王永庆决定为顾客送货上门。王永庆送货上门的时候，会先把米缸中的陈米先倒出来，然后再帮顾客把米倒进米缸里。王永庆这些特殊服务深深地吸引了更多的顾客，他的小米店总是门庭若市。

王永庆的周到服务很快就为自己树立了良好的品牌，一年时间，他就积攒下了一大笔资金。几年下来，米店生意越来越火，王永庆不但筹办了一家碾米厂，同时还完成了个人资本的原始积累。从那个时候起，王永庆的命运发生了变化。

顾客从其他米店也可以买到米，但从王永庆的米店里买米，会感觉自己的所得是超于产品价值的，这超出的价值便是服务。令人感动的服务绝不仅仅是微笑能涵盖的，它融合在每一个工作的细节里。如果去衡量的话，衡量的标准便是：你是否在与顾客交往的每一个环节上都细心地为顾客的方便与利益着想。

在如今技术高度发展、产品趋同的形势中，一个企业如果想存活并发展，就一定要有超越产品的让顾客愿意为之捧场的理由。只有乐于把方便给予他人，把利益给予他人，把温暖给予他人，把服务给予他人，才能塑造出企业独特的魅力，赢得顾客的心。

另外，我们要做一个诚实的人、守信的人，这样才能在社会中立足并发展。而作为一个市场中的品牌，更要做到言行合一，至少不能言过其实，否则无法拥有消费者的忠诚，若后果严重还可能给品牌带来灭顶之灾。

曾经某饮料公司搞过一次“第五季抢鲜 in 乐汇”喝饮料赢演唱会门票的活动。活动方式为消费者通过消费累计达到400个积分可兑换一张兑换券，或用一定数量饮料瓶身标签来换兑换券，最后用规定数量的兑换券兑换一张演唱会门票。

这个活动激起了消费者与乐迷们的极大兴趣。因为，这场演唱会云集了多位当红歌手，是一场大家期待已久的音乐盛会，而该企业承诺的换领门票条件也并非很高。结果在这个活动的促进下，“第五季”饮料销量暴增。

等到活动结束，是该公司兑现承诺的时候了，但该公司却让消费者大失所望。兑奖当天，上千名兑奖者提前一个小时就来到兑奖地点等待兑奖，可是，一开始这家公司只兑换了几百张门票就停止兑换，而后改为隔一个小时兑换一次，试图让没有耐心等待的人放弃，最后干脆挂出了“门票已经没有，请拿每张兑换券换一瓶饮料”的牌子。

消费者手中的几千张兑换券无法换到门票，这让在烈日下等待了数小时的消费者们情绪由焦虑变为了愤怒。这次活动不管是厂家准备不充分，还是有意炒作，欺诈消费者，最终都给该饮料公司的品牌形象造成了严重的打击，销量迅速下滑，甚至引发了罢喝的风潮。

由上面的案例中可以看出，品牌失信的代价是沉重的，因此，品牌给消费者的承诺要量力而行，不能言过其实，绝对不要让消费者失望。若能在消费者满意的基础上再讲求一些策略与技巧，说不定还可以给顾客带来惊喜。

一个企业要想做强做大，必须时刻注意打造自身的品牌形象。因为品牌传递了企业和产品的某些独特因素，体现了本企业产品与其他企业产品有许多不同。企业应该认真分析自身的独特之处，如质优价廉、周到的售后服务等，再把这些特点贯穿到企业产品的设计、生产、营销、宣传中去，相信一定可以塑造出自己的特色品牌。

优质的服务无可争议地将成为现代营销里面不可缺少的组成部分，同时也将成为企业品牌元素里不可或缺的重要组成部分。令消费者满意是绝大多数品牌可以做到的，但正因为都可以做到，所以并不能换来顾客的高度忠诚。只有那些完全兑现了承诺，并多给消费者一些承诺之外的利益，才会给消费者创造出惊喜的消费体验，使顾客心甘情愿地回报给品牌绝对的忠诚。

让品牌故事深入人心

品牌故事是一种比广告高明许多倍的传播形式，生动、有趣的品牌故事常常能够让品牌自己“说话”，把品牌从冰冷的物质世界带到一个生动的情感领域，悄然滋润着消费者的心田，从而不知不觉地实现了传播企业品牌内涵、文化、价值，成功俘虏消费者心的营销目的。

不知你有没有想过：如果钻石不代表爱情，还会让女人们怦然心动吗？如果可口可乐没有那个神秘配方的传说，还会成为世界上最值钱的品牌吗？如果同仁堂没有康熙御赐的牌匾，还会有持续300年的辉煌吗？

现在，几乎国内外的大多数知名品牌都在通过品牌故事的传播来树立自己独特的品牌形象及品牌主张，通过故事的渲染在消费者理性的思考中来铺垫感性的前提，使品牌更人性化，让人们能够通过品牌故事了解产品，从而达到一种让品牌深入人心的目的。

一个卓越品牌的成长历程往往与许多动人的经典故事相随相伴，品牌通过故事与消费者进行情感交流，从而融入消费者心中。

品牌故事是一种比广告高明许多倍的传播形式，生动、有趣的品牌故事常常能够让品牌自己“说话”，把品牌从冰冷的物质世界带到一个生动的情感领域，悄然滋润着消费者的心田，从而不知不觉地实现了企业传播品牌内涵、文化、价值，成功俘虏消费者心的营销目的。

Zippo 向人们讲述了勇敢为母亲的故事，那是一个打火机与无数美国勇士的故事，所以，就有了无数有勇士情结的男人将 Zippo 作为随身之物。在顾客眼中，Zippo 不仅仅是有着动人故事的打火机，而且是一个值得信赖并能伴随一生的忠实朋友。

“如果他爱你，他就会送你永恒的钻石”，“钻石恒久远，一颗永流传”。天下所有的女人都被这个美丽的故事“迷惑”了，玛丽莲·梦露曾代表无数的女人宣称：“手上的一吻多么令人陶醉，可是只有钻石才是姑娘心中的至爱……”

LV 是一个有着 100 多年历史的皮具品牌。100 多年来，世界经历了很多变化，人们的追求和审美观念也随之而改变，LV 为什么能够声誉卓然，至今仍保持着无与伦比的魅力呢？在品牌的发展历程中，因为曾为路易十三王室服务的传奇故事背景使其成为奢华品牌的“代名词”外，LV 对产品质量精益求精追求的动人故事在业界和消费者中传颂，也是为 LV 品牌增光添彩的重要原因。LV 皮具在加工成形后，要进行耐腐蚀、红外线、紫外线以及高处摔下等破坏性实验；LV 皮具使用的所有拉链出厂前，都要经过数千次的破坏性试验；LV 皮具的原材料严格选用法国及英国某一产地的上好牛皮，以至于连宝马公司都以其车内坐椅选用的是 LV 皮革为荣。

在信息普遍不对称的市场环境中，消费者是无法直接判断产品质量的，此时值得信赖的选择只能是品牌。消费者无论追求的是精密制造工艺，还是关注超长保修理念，都印证了品牌承诺的深入人心。

1985年12月的一天，时任青岛电冰箱总厂厂长的张瑞敏收到一封用户来信，反映厂里生产的电冰箱有质量问题。张瑞敏带领管理人员检查了仓库，发现仓库的400多台海尔冰箱中有76台不合格。张瑞敏随即召集全体员工到仓库开现场会，问大家怎么办。

当时多数人提出，这些冰箱是外观划伤，并不影响使用，建议作为福利便宜点儿卖给内部职工。而张瑞敏却说："我要是允许把这76台冰箱卖了，就等于允许明天再生产760台、7600台这样不合格的冰箱。放行这些有缺陷的产品，就谈不上质量意识。"于是张瑞敏宣布，把这些不合格的冰箱全部砸掉，谁干的谁来砸，并抡起大锤亲手砸了第一锤。

砸冰箱砸醒了海尔人的质量意识，砸出了海尔"要么不干，要干就要争第一"的精神。在1988年的全国冰箱评比中，海尔冰箱以最高分获得中国电冰箱史上的第一枚金牌。在海尔冰箱的发展中，质量始终是海尔品牌的根本。如今，海尔已经成为世界冰箱行业中销量排名第一的品牌，海尔冰箱已经成长为世界第四大白色家电制造商。

当时一台冰箱的价格800多元，相当于一名职工两年的收入，很多职工砸冰箱时流下了眼泪。正是这种精神，让海尔人三年后捧回了我国冰箱行业的第一块国家质量金奖。这一故事的广泛传播，也使海尔"真诚到永远"的品牌形象深入人心。

可见，用故事来"营销"的道理，不仅因为故事通俗易懂，生动活泼，易于流传，为人们喜闻乐见，更重要的是包含着深刻的寓意和智慧；相反，营销的理论生硬而教条，理论性强，内容抽象，使人昏昏欲睡。心理学家认为，故事提供了快速的联想空间，比理性的叙述有效得多，它直通人的感情神经，使人们更快、也更容易在心理上接受，自然也会更容易接受故事所介绍的产品。

1645年，当时在荷兰声名显赫的纺织业商人瓦尔斯带着唯一的女儿法拉远涉重洋来到中国台湾，想在台湾开设纺织工厂。历经数月航行，法拉患上了疟疾，瓦尔斯以为女儿已经死去，将已停止呼吸的女儿放进竹筏，顺水漂流，后被渔民陈裕源救起。

瓦尔斯得知女儿获救，非常高兴，为了感谢陈裕源，将他带入纺织行业并委以重任。陈裕源和法拉日久生情，但瓦尔斯却极力反对，并把女儿带回了荷兰。心灰意冷的陈裕源辗转奔赴南洋，创办“情定法拉”家纺品牌来纪念法拉。

20世纪中期，他的后人蒋建华将工厂迁回台湾时发现了陈裕源写给法拉却没有寄出的信笺。随后，他们到荷兰去寻找法拉的后人，但无下落。后来，他们终于收到从荷兰寄来的一本古旧的羊皮日记和一双黄色的定情木鞋。

这个动人的传奇经历使蒋建华下决心延续“情定法拉”的品牌故事，并在市场终端推广这个极富诗意的家纺名字。他认为，“情定法拉”这个品牌既有故事又有历史影响力，而且与白领精英阶层的品位相吻合。

也许正因为如此，2007年“情定法拉”品牌的销售总额已达到1.5亿元，在浙江，“情定法拉”家纺用品占据了20%的市场份额。

从海尔的“砸冰箱”到“情定法拉”，我们不难发现，故事营销更加可以促成品牌的快速成长，让品牌更具人性化，使人们了解故事的同时与品牌深入地进行了一次沟通；故事营销会促进产品的销售，给产品附加了一种光环，产生了一定的附加价值，使人们更加感性地去消费；故事营销还会成为企业内部的一种统一的价值体系，使人们的思维模式、价值观念和精神意识全部围绕在企业的品牌故事中，对外统一传播。

品牌故事是品牌的灵魂，给品牌定位就是给品牌找一个能打动消费者的主题。为了更好地塑造品牌，也需要投资者做个有心人，在企业诞生和发展过程中有意识地挖掘有价值的事件，演绎出能够打动人心的品牌故事。

用超前思维捕捉商机

成功的投资者们之所以会具有超前的思维能力，是因为他们总是在充分了解事物的过去和现状的基础上，又花费更多的时间和精力思考未来。他们总是不安于现状，而是尽可能地将视野延伸到未来。他们的思维具有明确的目标性和方向性，有清晰的层次性和恰到好处的预测力。

超前思维，就是多角度、全方位地分析事物的历史和现状，从现实出发，认识未来，把握未来的发展趋势，获常人不易得知的信息，从而提前做出正确判断的思维方式。超前思维既是人们能动认识世界的重要途径，也是帮助人们趋利避害、防患于未然地改造世界的重要手段。其重大作用就在于能使人们通过前瞻性思考，帮助人们调整思路，从而实施正确的决策。

齐奥尔科夫斯基从当时的气球飞行前瞻未来，以超前思维谱写了“星际航行三部曲”，提出了多级火箭宇宙空间飞行的设想，为世界航空航天事业的突飞猛进发展架构了桥梁；卢瑟福探索出了原子分裂的过程和基本结论，为后人顺利迈进核门槛奠定了基础；贝尔德出于对电子技术的好奇，着魔似的迷上了电视发明，终于使人们的视线突破了时间和空间的局限；美国工业设计师诺曼·贝尔·盖茨1940年在“建设明天的世界”博览会中，代表通用汽车公司设计了“未来世界”展台，为未来的美国设计出环绕交错、贯穿大陆的高速公路，并预言“美国将会被高速公路所贯穿，驾驶员不用在交通信号前停车，而可以一鼓作气地飞速穿越这个国家”。

超前思维是人类思维活动中面向未来所进行的思维活动。在社会发展的许多领域，超前思维做出了卓越的贡献。那些成功者就是善于运用超前思维和长远的眼光成就了一番自己的事业。可见，投资者只有运用超前的眼光，科学地预测市场，必能把商机牢牢地掌握在自己手中。

麦当劳之父、快餐巨人雷·克罗克从1929年起就开始了自己的推销生涯，先后推销过咖啡豆、纸杯、牛奶震动搅拌机、冰激凌勺等。虽然在推销过程中，挫折和白眼没少受，但是他依然对推销工作充满着乐观的态度，相信自己会有成功的一天。

1954年，这已经是他推销牛奶震动搅拌机的第八年。这天他突然接到当时麦当劳经营者麦克唐纳兄弟的订货电话，他们一口气预订了8台牛奶震动搅拌机。这是雷第一次遇上这么大笔的生意，他觉得很好奇，是什么样的餐厅一下子需要这么多台机器？

趁着午休，他来到了麦当劳餐厅。当时正有很多人排队，而服务员只用很少的时间就可以给一位顾客准备好食物。一位顾客看到他吃惊的样子，便热心地对他说：“这里的食物好吃又便宜，而且备餐速度也很快，你不妨试试。”

雷·克罗克想：随着生活节奏的日益加快，这种快捷的饮食方式一定也会给饮食业带来全新的改革。如果在人口密集的商业区或生活区、工厂区等地方开一家这样的餐厅，生意一定红火。于是，他找到了麦克唐纳兄弟，表示自己想要取得麦当劳的特许经营权。正好麦克唐纳兄弟俩都是没有太大野心的人，最终同意雷·克罗克以270万美金的低廉价格将餐馆买下。

经过40余年的发展，目前麦当劳已经有近3万家店铺，遍布全球100多个国家和地区，成为与万宝路、可口可乐齐名的三大品牌之一。

正因为雷·克罗克的超前思维和长远眼光，才给自己带来了巨大的利润，也因此开始了一个快餐文化的传奇。

超前思维不仅需要与时俱进地加快知识更新的步伐，而且还要求投资者不断超越自己，用创新的智慧去开拓未来，担当创新知识的主人。而世界变化越来越快，“知识折旧”的问题越来越突出，而且未来科学的发展不会沿着原来的线性走向，这就要求投资者更加注重创造性学习，更加注重创造性思维，更加注重着眼于未来。

1981年，英国王子查尔斯和戴安娜要在伦敦举行耗资10亿英镑、轰动世界的世纪婚礼。

消息一传开，伦敦城内以及英国各地的很多商户都绞尽脑汁，想利用这一次千载难逢的商机。有的在糖果上印上了王子和王妃的头像，有的把服装上印上了王子和王妃的图案。但有一位老板想，现在人们最需要的东西就是那天最赚钱的东西。在举行婚礼的那天，肯定会有百万以上的人观看，那样的话，将有一大半的人将因为距离较远的问题而无法一睹王子和王妃的尊荣和婚礼盛况。这些人那天需要的肯定不是一枚纪念章、买一盒印有王子王妃头像的糖果，而是能使他们看清人或景物的望远镜。于是，他突击生产了几十万副由马粪纸和放大镜片制成的简易望远镜。

婚礼当天，正当成千上万的人因为距离太远看不清王妃的容颜和典礼盛况而急得抓耳挠腮的时候，千百个卖童突然出现在人群中，高声喊道："卖望远镜啊，一英镑一个！只用一英镑观看婚礼啦！"顷刻间，几十万副的望远镜很快就被抢购一空。这位商人因此也大赚了一笔。

在残酷的社会竞争面前，超前思维会给投资者带来生机和活力，具有超前思维的投资者总是能脱离旧的轨道，打开新的局面。但是超前思维绝不是异想天开、胡思乱想，而是以过去经验为指导，以丰富的知识为前提，通过对未来情况的预测而对现实调整的一种方法。成功的投资者们之所以会成功，是因为他们具有超前思维能力，是因为他们总是在充分了解事物的过去和现状的基础上，又花费更多的时间和精力思考未来。他们不安于现状，而是尽可能地将视野延伸到未来。

超前思维是一种远见，有远见的人必定是精明的人，成功学大师卡耐基曾经深有体会："做生意要有长远的眼光，要配合时代的需要。只有这样，你才能向成功迈进。”目光长远的人之所以能走在时代的前沿，是因为他们看到了别人看不到的东西，从而预先掌握事物的发展趋势，把握成功的先机。

第四章

恋爱婚姻的心理学

人们向往婚姻，是因为每个人的心灵都在期待着一个静谧的港湾。但是，一旦真正走进婚姻后，人们却发现自己已经拥有的港湾并没有像当初期待的那样安静和温暖。这时，只有避开婚恋中的心理误区，那么，婚恋中的困惑将会迎刃而解。

太过诚实，会让你失去爱情

其实，在爱情中，幸福的夫妻不见得彼此有话必说，更不见得无话不谈，事事一律坦白相告，有时候会适得其反，甚至有致命的破坏性。心理学家发现，诚实有时候是残忍的，如果说出某件事对另一方的感情伤害很大，那就不要说，让它成为你心底的小秘密，然后再暗中补偿对方。

当双方都陷入情网时，女人对探索男人的过去兴趣不浓，而男人对女人的过去，却兴致勃勃，不问个水落石出，是不会甘心的。“你跟我交往之前，喜欢过谁？他是干什么的？”“那是多久以前的事？你们的关系发展到什么程度？”男人那打破沙锅问到底的精神，真令人甘拜下风。那么，男人的这种习惯到底从何而来呢？

进入恋爱关系以后，女人并不会追根究底的盘问男人的过去。然而，男人却想尽办法要套出女人的“口供”。男人都认为自己理所当然地应该知道恋人的过去。询问一下，看看她之前的所作所为是否循规蹈矩，即使是相当大度的男人也会下意识地问个没完。

第一，这表示男人妒火之烈超过女人。有人认为，嫉妒是女人的专利，这实在是一种错误的观点，许多男人的嫉妒之心更甚于女人。莎士比亚有一部名剧叫《奥赛罗》，其主人公奥赛罗因为猜忌其妻子与其他男人有过来往，竟然活活将其掐死。

在探问女人过去的时候，是轻描淡写地探问几句，还是穷追不舍，这就要看男方的性格了。个性阴险，心胸狭窄的男人，大概要无尽无休。当女方“自白”了一件事，他就立刻追问第二件，作了第二件“自白”，就强迫她做出第三件“自白”。女人回答的结果如何，对于某些男人来说，也许是至关重要的。有很多男人对女人表示：“没关系，我爱的是现在的你，对你的过去并不在乎。”其实，这完全是自欺欺人的谎言。面对这种情况，即使过去真的有些什么，女人最好也是轻描淡写地一言带过，切不可竹筒倒豆子似的“坦白交代”。记住，男人永远在乎女友的过去。

第二，男人的独占欲望极强。男人喜欢问女人“口供”之举除了嫉妒心在作祟以外，主要是对于目前占有她的状态，他仍然不满足，心里认为对过去的她也应该独占。男人对眼前这种独占犹感不足，就连她的“过去”也想据为己有，即使明知这是不现实的事，也硬要如此。这种欲望如果恶性膨胀，就会对两人之间的感情产生一些不好的影响。

第三，许多男人认为，探究女友的过去，是自己的一种权利，所以，他们百般盘问女人的过去而丝毫不觉得自己度量狭小，也不觉得难为情，这样的男人比比皆是。而女人则不同，她们只重视男朋友的现在和将来，对他们的过去，虽然也感兴趣，但总不及男人那样爱刨根问底。她们或许这样想：“就算他过去有过什么风流韵事，把它挂在心上又能怎样呢？还不是白费精神！”女人之所以能有这种宽容心理，主要是因为社会对男人的宽容影响了她们。

传统的社会观念对男人的要求不是那么严格的，以至于女人对男人的风流只能睁一只眼闭一只眼，只求对自己好就心满意足了。现代社会中女人对男人的认识还留有过去的影子，要说有进步，就是要求男人现在和将来相对安分守己一些，而对男人的过去，一般就不去追究了。而传统社会对女人的要求却严格到苛刻的程度，以至于到现在还有大量男人认为自己有权知道爱人的一切生活经历。女人的不守规矩并没有受到男人的宽容，男人的思想里面藏着这样一个为社会公认的观念：男人所娶的妻子必须在过去、现在以至将来都是纯洁的。

小静和男友恋爱长跑已经5年了，打算年底结婚，双方都为自己能在茫茫人海中找到梦寐以求的爱人而庆幸。在婚前的激动中，男友回想起坎坷的情感经历，忍不住向女方倾诉了自己在这之前不如意的段段情史。说完以后话锋一转："爱情最重要的是坦诚，现在，我已经将我自己的过去都告诉你了，你也得向我坦白。"说完，他还信誓旦旦地说不在意她的过去。小静被他的坦诚所深深感动，在他的"软磨硬泡"下只得向他毫不掩饰地讲述了自己的过去。

随后的日子里，小静觉得男友不再像以前那样包容和珍惜她了，从心理上也慢慢地疏远她了。有时候一点点小事，男友都能发很大的火。这天因为男友发现她和前男友有联系而大发雷霆，怒气冲冲地摔门而出。第二天，男友说因无法承受她的过去，决绝地提出了分手。

小静完全没有想到男友会有这样的反应，想起前不久在亲友们面前炫耀幸福，还有各种大场面的订婚典礼计划，这一切都如地震震垮的大厦，沉重地压在她心上。她无比绝望，最后跳楼未死，却成了终身残疾。

男人在表面上都说得冠冕堂皇，说"我不在乎你的过去"或者"我不会跟你计较那些"，不过，到了他醉醺醺的时候，或者情绪不稳定之时，他就会提起这些事情，向你兴师问罪。由此看来，还是不要对他太坦白为好。否则，他将变成一颗“不定时的炸弹”，说不定什么时候就会爆炸呢！因此，女人应该清醒地认识到男人的心理承受能力，最好避免过度的坦诚，除非你具有了不得的经历。

有的男人的胸襟不大，只要女人的经历超过了他胸襟的容量，他便会因心胸狭隘而产生痛苦。男人在对待女人过去的问题上反应尽管千奇百怪，但难以承受的总体反应却很一致。

可见，太过坦白的结果很可能是惹出更多麻烦。当然，最理想的方法应该是婚前彼此坦白，获得谅解后再谈婚论嫁。不过话说回来，现实是无法尽合人意的。婚前听到女方的坦白，而情感发生动摇的男人并不少见。有一些男人听到你的告白后，拂袖而去。如此一来，你不是功亏一篑了吗？就算他当时不计较，过了几年后，如果找你算老账的话，你将有一生痛苦的灾难。所以，还是不要对他太坦白。

总之，相互诚实待人，敢于自我暴露，了解自己的角色、分量和对方的期待，这样对双方都有利。婚前最重要的是真诚，婚后最重要的是谅解。真诚是用来避免大是大非的免疫剂，防患于未然；谅解是用来化解小是小非的润滑剂，化干戈为玉帛。

事实上，每个人的心灵深处都有属于自己的一片天地，死守会让对方伤心的事会比坦白明智。不要把爱情的忠诚理解为相互不隐瞒任何隐私，即使男人心胸开阔、不计前嫌，但因得知了女人的“底细”，会在潜意识中打下烙印，给爱情生活投下阴影，一旦有点风吹草动，你们的感情便可能瞬间土崩瓦解。

其实，在爱情中，幸福的夫妻不见得彼此有话必说，更不见得无话不谈，事事一律坦白相告，有时候会适得其反，甚至有致命的破坏性。如果说出某件事对另一方的感情伤害很大，那就不要说，让它成为你心底的小秘密，然后再暗中补偿对方。

当男人询问女人的过去时，最好不要提及过往的风流韵事，这可能会动摇你们的感情基础。爱情中的男女应该互相尊重隐私，给对方留有心理空间。这是爱和信任，也是对人性弱点的宽容和接受。

女人的任性，要学会收敛

女人的轻吟薄怒、花拳绣腿、刁蛮任性不过是缘于女人对爱的渴求。女孩子在恋爱中有意无意地耍脾气是在考验男友，这实际上是出于下意识的自我保护心理。她们不过是想引起对方的注意，渴望对方的呵护与宠爱，试探自己在对方心目中的地位和分量。

有这么一类女人，有点挑剔，有点刻薄。她们可以为了一件小得不能再小的事，发一场大得不能再大的脾气，不接电话、不听解释、不理不睬……甚至会让你觉得不知所措，好像在她们眼里没有一样事情能让她满意。恋爱中的女孩们动不动就和男友发脾气，常常让男孩们无所适从，经常听男孩子们发出这样的感慨：女孩的心思可真难猜。

女人的任性，一度被男人列为女人难以原谅的七宗罪之首，它甚至排在贪婪与自私之前。但是，任性是女人的专利，但凡女人，没有不在恋人面前耍小脾气的。任性耍赖、无理取闹、胡搅蛮缠、痛哭流涕是女人对付男人的专属武器，也是一种爱的表现。

她的所有举动只是因为觉得在你面前才可以无拘无束，才可以想怎么样就怎么样，甚至会觉得只有欺负到你了她才会开心。此时的“意气用事”就是任性的发泄，如果换了别人，她早就原谅了，可对自己的男人就是不能轻易放过。非要等到男人的好话说一大箩筐，她的怒气才会烟消云散，笑容才会重回脸颊。

《新科学家》杂志报道，意大利女科学家马拉齐蒂研究发现：热恋中的男人更像女人，女人更像男人。男人会变得更温柔多情，女人则会变得更热情奔放，所以表现出来得是女人在恋爱中更容易“野蛮”，更爱对男友“找碴生气”。

那么，女人任性背后的心理真相到底是什么呢？其实，这是因为女人对身边的男人有所要求，有所期望，当期望值与反馈回来的信息不对等时，常常会失望、失落，因此，女人便容易对男人发脾气，使小性子。

从男女互动的角度看，女人的任性都是男人“惯”出来的。一个任性、刁蛮的女人背后必定有一个姑息、迁就的男人。女人每次毫无理由的任性、发脾气，男人都忍让、宽容，女人的任性得到了自己期望的结果，无形中便加剧了女人的任性，渐渐地，男女之间就形成了这样一种恶性互动的模式。

小婕最近向妈妈哭诉，他男友“劈腿”了。她可以肯定男友的审美观是正常的，当初男友为了追她，过五关斩六将地奋力把其他对手 PK 下台，处处扮演护花使者：出门，他替她提包；进门，他替她提鞋。她也渐渐地习惯了他的呵护。在他面前，她始终扮演着高傲的天鹅公主的角色，她对他百般挑剔，认为拥有美貌的她就应该理所应当地享受这一切，她的口头禅是：“你为我做这些不是应该的吗？不知道还有多少男人排队想为我做这些呢！”

无论他对小婕说什么，她总是不屑一顾，一脸不耐烦的样子；

当他气喘吁吁地给她买来红提，她却抱怨这样的水果糖分太高；圣诞节，他送给她一瓶精心挑选的香水，她连包装都没拆就把它扔到了五颜六色的礼物堆里……

小婕受不得男友的半点委屈和怠慢，她要他像捧一尊贵重的水晶花瓶一样，全天 24 小时把她捧在手里。她不知道这种随时都要男人捧在手里的姿势是很累人的，总有一天男人会捧得手软、捧得腰酸背痛，这时便会失手。她对他的要求总有那么多，别人的房子比自己的大、车子比自己的好时，她都会迁怒于男友，斥责他没有能力："我这么漂亮，当初追我的人那么多，我偏偏选中了你，你就应该好好地报答我对你的爱，现在你却不能给我想要的生活，我当初真是瞎了眼！"仿佛这场恋爱是她施舍给他的，他欠了她一辈子的人情。

后来，小婕见到了自己前男友的现任女朋友，很困惑：他怎么那么没眼光，怎么会舍弃我这样的"如花美眷"找了这么个"五大三粗"的女人。他却淡然地说，"她不漂亮，但却大度宽容，从不会为了琐事和我斤斤计较，凡事她总是能多为我考虑，她信任我愿意给我机会，她明白两个人在一起更多的是忍受而不是享受。我在她身上找到了温暖、理解和我一直渴望却从未在其他人身上找到的坚定性。"

心理学家曾研究表明，任性是一种心理需求的表现。女人任性其实里面有潜台词，她们一般都在想：他到底爱不爱我，他要爱我就会包容我，接纳我的坏脾气的，如果他一点也不能忍让我，我们以后怎么相处呢？当女人拒绝一个男人时，原因之一就是男人不肯包容她，不给她任性的空间。忍让和包容代表男人面对爱情时可以做出的让步，当一个男人很重视一个女人时，他会把让步和包容当作一种乐趣，女人任性就是为了得到这样一个心理暗示。

女人的这一心理，实际上也是出于一种下意识的自我保护，通常她们会想如果在恋爱时对方都不让着她，那以后的日子还怎么过？所以女孩子在恋爱中会有意无意地给男友设置一些障碍，看男友是否能容让自己，耍脾气只是其中的一种考验方式，当然也是最常用的一种方式，比如，在约会时自己故意迟到，主要看男友会有什么反应，只要他稍有不愉之色表露出来，必然会遭到女友的“狂轰滥炸”，说不定在遭到一番痛斥之后，就会把他踢出局。

女人是情感动物，她在感情上是非常敏感的，同时也是脆弱的。女人有时候在内心深处还是觉得自己是弱者，有些事情一旦难以承受，就会寻找发泄的途径，身边的男友自然就成了发泄的对象。

而恋爱中的女人对待男人的态度与男人对待女人更是大不相同。一旦在和男人交往时需要动用的是她的性别角色而非社会角色时，女人在很多时候就会表现出令男人无法揣摩的任性。同时这也是女人在情绪上不独立的表现。女人的任性是想确定你爱她，然后才能无条件地付出自己的爱。很多时候女人的任性是衡量感情的重要工具，她用任性来测验你的爱、你的宽容、你的大度、你的爱情深度，如果你无法过任性这关，女人是不会安心爱你，或者接受你的爱的。没有一个女人会向没有感情作为铺垫的男人撒娇、任性。男人应该明白，其实女人的任性不是看你肯不肯忍让她，而是想知道你到底爱不爱她、到底有多爱她。

任性无所谓好坏，也许女人喜欢发脾气是与生俱来的，但不要动不动任性。男人也许可以承受你给他的烦恼，但是不一定能承受你天天无厘头的吵闹。换位思考一下，就能知道彼此需要的是什么。

从男人这方面来说，当女人任性时，要去洞察女人内心的心理需求，给予其心理上的满足。但是，男人的宽容一定要有个限度，不能一味地退让，避免给女人的任性行为一种正面的强化。相反，女人任性的尺度一定要在男人宽容的限度内，要知道男人或许偶尔会包容你，但绝不会长期纵容你。

因此，对女人来说，千万不要将任性作为对付男人的撒手锏。偶尔任性时，女人需要恰当地拿捏住撒娇的技巧和对方的心理承受能力，清楚哪些是比较安全的、哪些是最好躲避的区域。

在爱情里，有时付出越多，输得越惨

对男人好没有错，但太宠着他，他就会把你的服务当成习惯。习惯就意味着不在乎，不在乎就会得寸进尺。因此，别处处展现你“母爱的光辉”，让男人在温柔乡里渐渐退化成为“衣来伸手，饭来张口”的“小孩”，你对男人的过度宠爱，只会纵容他，要知道，坏男人都是好女人宠出来的。

《荆棘鸟》一书中曾讲，有一种鸟叫荆棘鸟，它一生只唱一次歌，从它们离开雀巢的那一天开始，它就在寻找一种荆棘树，当它终于如愿以偿，就会把自己娇小的身体扎进一株最长、最尖的荆棘上，和着血和泪放声歌唱。那凄美动人、婉转如霞的歌声使人间所有的声音刹那间黯然失色，一曲终了，荆棘鸟终于气竭命陨，以身殉歌。整个世界都在静静地谛听着，上帝也在苍穹中微笑。因为最美好的东西只能用最深痛的巨创来换取。

有的女人追求爱情就像荆棘鸟一样如痴如醉、执迷不悟。大部分女性对爱情会比较慎重，但一旦爱起来，就会比男性更投入。很多女人认为：敢于为爱牺牲的人是伟大的，越是愿意为爱人牺牲，就证明爱得越深。于是，一些被爱情冲昏头脑的女人为了男人改变了以前的生活习惯，完全配合男人的时间，以男人的生活为生活，逐渐地与自己的家人、朋友疏远。她们甚至完全已经没有了自我，当男人不在身边的时候，自己的世界简直就是一片空白。

“为了你我可以放弃工作、朋友、亲人，放弃一切可以放弃的。”女人们总是以为放弃自己的所有才能抓住男人，这是孤注一掷的“赌徒心理”。这一类的女人最容易被男人所抛弃。她们付出最多，输得也可能最惨。如果你把自己的全部当成礼物悉数送给了对方，对方会认为得来太容易，会毫不怜惜地将它放在一边。

对于你的付出，正派的男人可能会心生感激之情，并投桃报李；万一要是动机不纯的男人，则是尽可能地调动并利用你的母性，压榨你的金钱、柔情和各种社会资源，从中获得一切好处后，再将你一脚踢开。女人放弃工作、家人、朋友、兴趣来交换男人的爱，变成了男人的囚犯，当这个男人有一天不再爱你，你便一无所有。所以，不要对男人无私奉献，倘若你把他当作上帝，匍匐在他的脚下，到头来你的一无所有只能说是你咎由自取。

夏颖和丈夫大学就相恋，毕业后，夏颖在一家外资公司里面从事客服工作，丈夫则在一家 IT 公司里面设计软件。两人在参加工作第二年就结束了 5 年的爱情长跑，牵手步入了婚姻的殿堂。颇有能力的丈夫后来白手起家自立门户，每天忙得昏天暗地，便无暇照顾家里。儿子出生之后，在丈夫的坚持下，夏颖放弃了前途大好的工作，成了全职太太，全心照顾丈夫和儿子的日常起居。每天琐碎的家务使得夏颖很少跟外界接触，她牺牲自己的事业前途来换取老公事业的辉煌。

但事情的结局却大大出乎她的意料，就在他们结婚纪念日前几天，丈夫提出了离婚。夏颖听到这个消息泪流满面，因为她此时才发现自己所有的奉献都是一文不值的，甚至还是丈夫离开自己的原因。因为她做好了家庭主妇，却没有时间来好好打扮自己，没有时间提高自己，也没有了和丈夫的共同话题。

夏颖那一刻对人生绝望了。离婚后，夏颖艰难地求职，由于在家封闭时间太长，四处碰壁。

其实，从这个事例中可以发现，很多的女人一旦在热恋中或者步入婚姻，就很容易盲目，容易失去自我，过分依赖男人，不管是在经济上还是精神上。她们以为只要一切都听男人的就可以获得他永远的爱恋。但是，当男人腻味了你的一贯顺从和忍耐，他就会觉得你淡而无味。另外，一旦女人放弃职业，就意味着在很大程度上割断了与朋友们的联系，这样往往会导致自我封闭，精神上陷入窘态甚至崩溃。

爱也要有底线，爱情其实也是风险很大的投资，一旦失败，免不了伤痛，而处理得不好，比失去钱财更能令人长久地痛苦。因此，曾有人建议在爱情中的女人至少要牢记以下这5条底线。

（1）不要失去自我，别以为爱情就是两个人变成一个人。爱情最强烈、最美丽的时候，是因为对方能强烈感觉到你的与众不同，独特的自我正是你吸引对方的最基本原因。

（2）不要疏远朋友圈，好的爱情其实应是在友谊基础上产生，如果把友谊作为爱情的底色，或许当爱不在时，你们不会像仅有爱情的人分手后那么陌生。更何况朋友圈是你保持健康个性、促进事业成长的基础，也是你在失去一段感情后重获爱情的机会。

（3）不要使自己没了魅力，不要因沉浸于爱情而忘记自我提升、修饰仪表，忘记了保持优雅的言行，这一切是你魅力的基础，没有了魅力爱情也会渐行渐远。

（4）不要使自己失去对财产的控制，要知道没有金钱是万万不能的。经济社会，你不能丢失生存的根本。房产、存折别都只写你至爱的人的名字，你的权益也应如实地反映在上面，当爱不在时你才不会一无所有。要记住，有一定的财富会使你更快地获得幸福。

（5）不要忽视亲情。爱情远不是全部，而亲情更长久，如果爱情须与亲情对决，那么你不要忘记最接近无私的爱是父母之爱，而最自私的爱其实是爱情。

女人一定要在经济和思想上自立，应该有自己的理想、事业和追求，掌握着自己的“经济大权”，就不会受制于男人，男人对女人也不会小觑。况且，在恋爱或婚姻生活中，感情是最捉摸不定的，总有太多的不确定，谁也无法预见明天。

对男人好没有错，但太宠着他，他就会把你的服务当成习惯。习惯就意味着不在乎，不在乎就会得寸进尺。因此，别处处展现你“母爱的光辉”，让男人在温柔乡里渐渐退化成为“衣来伸手，饭来张口”的小孩，你对男人的过度宠爱，只会纵容他，要知道，坏男人都是好女人宠出来的。

一个在经济上能独立的女性在男人眼里是有魅力的，而一个在人格上能独立的女性在男人眼里更是魅力十足。所以女人要培养自己的自信心和独立意识，要明白过分依赖不是在加深或巩固男人对自己的爱情，而是在削弱自己在男人面前的吸引力，是在摧毁爱情。

女人为自己的付出设定“底线”，绝对是种明智的选择。女人一定要意识到，要真正得到男人的爱，就必须“设定”底线，不可一味地付出。喝酒不要超过六分醉，吃饭不要超过七分饱，爱一个人不要超过八分。所有的期待和希望都只有七八分，剩下两三分用来爱自己。如果你把全部的爱全部都倾注在男人身上，很可能会给对方沉重的压力，让彼此喘不过气来，完全丧失了爱情的乐趣。

渴望浪漫，是女人的天性

女人喜欢浪漫，喜欢在特别的节日里收到特别的礼物，很多男人因为工作的原因、生活的压力等现实问题，可能对妻子的生日、婚姻纪念日等都记不起来，但是女性不同，她们的心思是很细腻的，所以她们都会记得很清楚，而且会觉得这样的日子是很重要的，因为它们存在着重大的意义，所以希望男人也能记住这些特殊的日子。

男人与女人对待爱情最大的不同，就是男人喜欢把爱情当成一种事业，而女人喜欢把爱情当成一种梦想。事业需要理智经营，但梦想却要感性憧憬。浪漫是女人的天性，追求浪漫可以满足女人的多重心理需求，可以使女人获得自信。因此，她们需要男人所给的浪漫来消除担忧和焦虑，获得自信和安全感。很多时候，女人责怪男人不懂浪漫，其实是希望通过浪漫的细节感受到男人对她很在意。

追求浪漫可以满足女人的虚荣心。女人是自恋的感性动物，她们委屈得了自己的胃，却委屈不了自己的心。她们需要时不时地体会那种被人重视、被人追捧的感觉，以证明自己的魅力。男人略施小情小调，女人就能得到极大的满足。追求浪漫可以防止爱情倦怠。再热烈的爱情，时间长了，也要渐渐趋于平淡。而女人是最怕寂寞的，她们需要一些小小的浪漫来点缀平淡的生活，给生活添加一点保鲜剂和兴奋剂，防止与爱人陷入审美疲劳。

前几天小琪生日，男友忘了送她生日礼物。他们在一起已经两年多了，男友一直没送过她礼物，这回又表现不佳。小琪虽然嘴上不说，心里可是很不高兴。为了弥补过失，男友答应给她买一件时装加一套内衣，但前提是还要小琪陪他去。可是，小琪这段时间工作忙，没时间上街。再说了，在小琪心里，她当然是更希望男友能自己去买。这样，她就可以充满期待地等男友给她一个惊喜，她很期待这种浪漫的感觉。

可是，一个多星期过去了，男友还没兑现他的诺言。这天小琪忍不住旁敲侧击了一下，可男友竟然说一个人去买女孩衣服很尴尬，更何况是内衣，坚持要小琪一起去。可小琪认为这跟自己买衣服没什么两样，对她来说就没有什么乐趣了，于是生气说不要了，心里却很失落。小琪心想：别人的男友都会给女朋友买衣服，为什么他就不行？我其实并不是真的在意他给我买什么，我只是想要那种浪漫的感觉，为什么他就不能满足我一回呢？

生活中的激情不可能经久不衰，短暂的激情之后就是长久的平静。当步入婚姻殿堂后，玫瑰色的温情就会被平淡的家居生活所替代，风花雪月更多地变成油盐酱醋，无情的岁月退去了光环，曾经浪漫的爱情似乎也已经失去。恋爱时的那份炽热，确实让人难忘。可是，婚后如果再要求爱人那样，就有些不现实了。夫妻生活在一起，朝夕相处，同床共枕，时间长了，就觉得平淡乏味。现实中甚至有这种怪现象：婚前恋爱越是轰轰烈烈，婚后越是容易在心理上产生极大的反差。

已经为人妻的小珍经常向闺密抱怨自己的丈夫：

“刚恋爱那会，他几乎有点走火入魔，半天不见，心里便空荡荡的，做什么事都心不在焉。他便会找无数的理由，一次一次地往我家跑，然后，说那些说过无数遍的情话。虽然说过很多遍，但居然每一次都让我心潮澎湃，一个眼神、一个微笑、一个轻吻，都能让我们心花怒放。

“婚后的日子当然不乏甜蜜，但当激情的火焰渐渐冷却，我们却不得不整日面对柴米油盐、锅碗瓢盆、人来客往的乏味和琐碎。我们在朝夕相处中没有了往日的眉目传情、甜言蜜语、山盟海誓。他不再煞费苦心地给我买小礼物，不再随时温柔而有力地拥着我。我们在一起谈得最多的是如何保持家庭财政的收支平衡，明天参加朋友的婚礼该送多少钱，我们还经常为一点小事发生一场不大不小的家庭战争。

“在他眼里我不再是那个善解人意、柔情似水的女孩，而在我眼里他也不再是那个细致体贴、呵护备至的男生。我们开始怀疑，用婚姻来终结那种激情四溢的爱情生活，是不是一个错误的选择。这样的生活让我失望、懊悔、沮丧、抱怨、无精打采。

“但日子还是要一天天地过下去的，我也不断调整自己的心态，修正自己的言行来适应婚后的生活。慢慢地，我们发现，在这平淡的婚姻生活中，其实处处隐藏着幸福。甚至战争平息后，相视一笑都是幸福的。这种幸福细微、朴素、不着痕迹，甚至略显零碎和平庸，但只要用心去发现、去体味、去感觉，心里便会洋溢起一种温暖的、充实的、踏实的感觉。

“我终于明白，这便是支撑我们相守一生的源源不绝的动力；我也终于明白，我们身边的那么多夫妻，为什么能在平淡如水的长长岁月里相守到白头——因为平淡也是一种幸福啊！拥有了幸福，便有了相守的理由。”

我们当然更向往一种充满新鲜与刺激，洋溢着激情和活力的婚姻生活，但更多的时候，我们又不得不面对这样一种缺乏悬念和创新的婚姻生活。当激情的潮水渐渐退去，我们便只剩下了那些涓涓细流般的幸福，它平和但持久，它才是滋润我们一生一世的爱的源泉。

不同阶段的爱，表达的方式也是不相同的。男人天生喜欢接受挑战，一旦发现浪漫是挑战所在，他们就会想法子讨女人欢心。所以大多数男人在刚开始一段恋情时，通常都会表现得很浪漫，即便他不好此道，也会勉为其难这么做。只是撑不了多久就会回归平淡，不再送花，电话也少了，遇到纪念日就开始装傻。据专家分析，大部分男人都是目的性很强的动物，而浪漫只是他们为了达到目时所施展的手段，一旦目的达成，失去了诱因，自然浪漫就不在了。

女人喜欢浪漫，喜欢在特别的节日里收到特别的礼物，很多男人因为工作的原因、生活的压力等现实问题，可能对妻子的生日、婚姻纪念日等都记不起来，但是女性不同，她们的心思是很细腻的，所以她们都会记得很清楚，而且会觉得这样的日子是很重要的，因为它们存在着重大的意义，所以希望男人也能记住这些特殊的日子。

婚后的男人千万不要把婚姻当作是爱情的终点站，而是应该把它当作是人生的一个里程碑，婚后还是要不断地给婚姻施加养分。原始的爱就像是原始的启动资金，要想长盛不衰就得不断地投入新的爱，比如经常赞美女人，给对方一个吻，在对方烦恼时给予体贴和关心，这些都能为爱加分、增值。

作为男人，不应该只在婚前体贴、爱护女人，也要在婚后把她放在心上。你可以不记得大伯、小叔、三姑、四姨的生日，但自己女人的生日和你们的结婚纪念日一定要记住，这两个日子在婚姻生活中非常重要，如果可以的话，男人可以给她准备一份能让她惊喜的礼物；早上醒来时，可给她一个亲吻；如果在外地，也要送上礼物、打个电话，告诉她，你并没有忘记这个特别的日子。

小心，不要戳中男人的四大软肋

正所谓“千里之堤，溃于蚁穴”，女人千万不要轻视一些小错误，以为它们一下子不能摧毁婚姻，但久而久之，日积月累，很可能会给婚姻造成致命的一击。时常对婚姻进行修补，是经营婚姻所必须要做的一项基本工作，这就需要我们对婚姻多一点细心和珍视，对爱人多一份宽容和热情，对生活多一些关注和投入。

夫妻之间相处有很多的技巧，同时也需要讲究一些规则。日常相处当中，有些女性不注重关注男人的内心情感世界和心理状态，想说就说，想骂就骂，在无形之中伤害了男人。其实男人有些软肋，女人是不可以随便戳的。

第一根软肋：被人揭短。

所谓的打人不打脸，骂人不揭短，揭人短处原本就是小人行为，就算是再亲密的爱人也不要轻易地踏此禁区。作为一个聪明的女人，应该懂得沉默是金。因为，男人的失败就像是一块伤疤，只需要留给男人自己慢慢地去舔好，女人该做的就是学会让自己的记性差一点。

因此，不管是在什么地方，尤其是在公共场合里，男人都会把自己的面子看得高于一切。女人要想赢得男人的尊重，就要学会给男人留面子。

第二根软肋：被人指责自己的妈妈。

结婚一年多的小艾和老公的家都不在上海，父母退休后会轮流来玩一段时间。这几个月，刚巧小艾一直务农的婆婆住在他们家。本来大家相处得都很客气，反正家务有保姆做，也不存在什么家务纠纷。可没过几天，小艾就发现婆婆有个她无法忍受的缺点——“下床气”。“简单来说，就是每天早上起床心情不好，要找别人的麻烦。”小艾解释道，“当她连着三天，每天早上都抱怨上海早饭难吃，保姆没把地板拖干净的时候，我就无法忍受了。”

小艾刚刚加入一家新的律师事务所，工作很辛苦，她觉得自己没有理由一天的心情从早晨开始就无缘无故地被破坏。她对老公说：“你妈怎么能这样……”她觉得自己只是很客观地摆事实讲道理，把婆婆的问题告诉丈夫而已。谁知道他听了立刻火冒三丈，说什么小艾看不起他妈，说小艾妈妈来的时候对他指手画脚，他连个不字都没说过，可他妈忙了一辈子来享享清福，小艾却嫌弃他妈妈，等等诸如此类的话。这让小艾很困惑，难道自己连婆婆的缺点都不能提吗？

不管有多么气愤，也不要伤害丈夫的母亲。“儿不嫌母丑”，这是每个妻子都应该注意的事。你可以偶尔对他大吼小叫，但对他的母亲一定要尊重，即使他对他母亲一时不够尊重，你也不可以跟着学，你一学他，可能就会变成不尊重长辈甚至是有欺负他母亲的嫌疑。

脾气再好的男人，当他的母亲遭到质疑或嘲笑时，也会激发出毫无道理的怒火。因此，遇上这样的婆媳问题，女人要么别去计较，要么一定得用软语气商量。总之，旁敲侧击，三思而行。一个男人，不管如何顶天立地，在母亲的眼里，他永远是个小孩子，而在男人眼里，母亲是生命里最重要的女人。

第三根软肋：被女人说不是男人。

男人的自信往往来自夫人，而当他的夫人亲口说他不是男人，打击自然是致命的。

“你不是男人”这五个字，比刀剑都锋利，刺入男人的心脏后，其杀伤力是你无法预料的，其后遗症也是难以估算的，相当于给他丈夫的性别判了一次死刑，如同说女人没有女人味一样，是种蔑视。

第四根软肋：被夫人当面夸另一个男人。

就如夫人不希望丈夫在自己面前夸另一个女人一样，丈夫也很介意夫人当着他的面夸另一个男人，就算这个男人是女人的亲人或是丈夫的朋友，丈夫都无法忍受。试想，男人大多爱面子，特别是在自己心爱的夫人面前，大多是希望得到夫人肯定的，你当着他的面去夸另一个男人，无非是在告诉他，有另一个男人比他更优秀。

小蒙就是这样的人。当年，小蒙和她的丈夫可谓是一见钟情，眼里看到的全是他的好、他的优。可是，结婚不过几年，她总觉得自己过得不如别人，这让特别要强的小蒙觉得自己在外人面前没面子。于是，她的不满和对生活的不满，她全部清算在跟自己朝夕相处的丈夫身上了。

每当丈夫劳累了一天回到家中，想要休息时，她总是说："你看看人家的老公，今天到哪里出差了，昨天又去了哪个国家，你看看你整天蹲在家中，就会围着家中的一亩三分地转，还会干什么啊！小雨的老公又送给她钻石项链了，我呢？结婚这么多年，你送我什么了，你又为家里添了些什么？你看看人家，又是奔驰，又是宝马，一辆辆往家里开，你呢，你就会骑着你那两轮，我怎么会嫁了你这样的男人，你看看人家……"

丈夫心里已经很不平衡了，听到小蒙这样说，火气也大了："人家好，你跟人家过好了，你觉得我是根草，我相信总有人会认为我是个宝。"说完就摔门出去了。

所以，不要拿你的老公和别的男人作比较。既然当初你从众多的追求对象中选择了他，就说明相对来说他是最适合你的，你就该知足。最好保持心理的平衡，千万不要对他期望过高。期望过高容易使老公丧失进取热情，甚至绝望。他每天都在勤奋工作，只为了能给你更完美的生活，而且一直为此不懈努力着，如果你怨恨他，因嫁给他而后悔的话，男人会为此寒心。

"千里之堤，溃于蚁穴"，女人千万不要轻视这些小错误。它们也许不能一下子摧毁婚姻，但久而久之，日积月累，很可能会给婚姻造成致命的一击。时常对婚姻进行“修补”，是经营婚姻所必须要做的一项基本工作。让夫妻间的诸如分歧、误会、隔阂、猜疑、伤害等小故障及时发现、及时排除，使婚姻的发动机始终能健康有效地运转，这就需要我们对婚姻多一点细心和珍视，对爱人多一份宽容和热情，对生活多一些关注和投入。

若想轻松避开男人的这些“雷区”，下面有几招可供夫人们参考。

第一招：尊重他，鼓励他。

男人的骨子里就没有“认输”的细胞。属于“死要面子活受罪”的那种，他们需要的是尊重、支持、鼓励和赞美。女人需要做的，就是要真正地帮他树立起“男子汉”的威信。当他提出自己要去实现的工作或计划时，女人一定要用赞美的口气回答他，“这事你一定能做好”或“我知道你一定能找到适合你自己发展的事业”等，即使你认为这事不可能适合他，也不能那样说。你得首先支持他，肯定他是对的，然后再回过头来帮他分析。千万不能说：“就你那副德行，你能干出什么大事，癞蛤蟆想吃天鹅肉！”诸如此类的话。

第二招：别让他口袋比脸还干净。

相对保持经济上的独立是维持一个男人自信和尊严的重要法宝。男人是天生的外交家，男人需要朋友，需要应酬。因此，他钱包里一定得有钱。今天他能把钱包里的钱花出去，就说明明天他一定能把更多的钱赚回来。很多时候，会花钱就意味着会赚钱，不会花钱的男人很可能就不会赚钱。虽不主张男人管钱，但更不主张男人钱包里没有钱。“一文钱难倒英雄汉”，如果因为钱让其在朋友面前“汗颜”，在某种意义上讲，有可能他一辈子也“牛”不起来了。

女人如果真的爱自己男人的话，就应该学着在任何时候、任何地方都给足他面子，多说给男人“挣脸面”的话，不要当众拆他的台，让他难堪。经济上，不要让他的“兜比脸还干净”，更不要让他真的成为一个“无产阶级”；生活中，不要总是在他外出时，像侦探一样不停地用电话“查岗”；争吵时，不要大声嚷嚷，惊扰四邻。

聪明的女人只会让男人的软肋在女人的潜移默化中脱胎换骨，在琐碎的日常生活中，她们要做的不是戳男人的软肋，而是处处维护和保养男人的软肋。同时，又巧妙地为男人创造一个和谐的氛围和环境，让他水到渠成地改变自己。

有关男人尊严、面子问题绝对是他们的禁区、雷区，女人勿访，更不要踩中，否则，情感会被炸飞！与男人尊严有关的一切，就是这个禁区中最厉害的炸弹，绝对不要碰到它。有些软肋是女人必须要注意的，要小心，不要涉足，以免给婚姻生活造成不必要的麻烦。

恐婚族，仅有爱情是不够的

恐婚者担心自己最终还是不能避免结婚的“庸俗结局”，漫长的未来幸福与否谁都无法预料。也许有一天，恐婚者咬牙切齿地说服自己克服了婚姻恐惧症，战战兢兢、如履薄冰地踏上红地毯，但心理上的巨大障碍仍可能让他们产生强烈的失落感。尽管心里一再对自己强调婚姻并没有想象中那么可怕，可压力感或恐惧感仍挥之不去。

结婚是件美好而浪漫的事，可在这温馨的情调里，有的婚姻却被蒙上了“玫瑰灰”。一种在心理学上被称为“都市恐婚症”的病让人们止步于婚姻殿堂的门口，因为担心未来的婚姻生活和将来的不幸，他们望而却步了。

在《逃跑新娘》中，女主角玛奇一直希望能有一个属于自己的家庭，但她又有婚姻恐惧症，曾经有过三次逃婚经历。正准备与第四任男友步入结婚殿堂的玛奇准备再度逃婚。而女主角的扮演者茱莉亚・罗伯茨，也在即将和男友结婚前宣布分手，做了一回现实生活中的“逃跑新娘”，大概是受电影的影响她也“恐婚”了。

在这个离婚变得越来越平常的年代，婚姻恐惧症也正在大肆地蔓延。那些恐婚的人视婚姻如洪水猛兽，他们表示：“恋爱的感觉其实挺好，何必用一纸婚书把两个人绑在一起呢？还是做恋人比较好，合则聚，不合则散，没有心理负担。”他们认为，日子久了，总会有令人厌倦的时候，何必束缚双方呢。

恐婚者有的是理由在围城外徘徊不前：爱情使人睡不着觉，婚姻使人打瞌睡，延长爱情的唯一办法就是推迟结婚的时间。他们怕失去自由，怕被另一半和孩子套牢，害怕婚姻毁掉了所有的快乐。因此，他们始终对婚姻持观望态度，不肯把幸福的赌注压在未来的另一半身上。

恐婚者担心自己最终还是不能避免结婚的“庸俗结局”，漫长的未来幸福与否谁都无法预料。恐婚族们处在一种极端矛盾的婚姻心态中，有的人曾经遇人不淑，遭人暗算，于是一朝被蛇咬，十年怕井绳；有的人是把爱情想象得太美好，以至于不忍心让婚姻的现实搅乱了好心情；有的人是一想到两个人一起生活，联想到的就是不幸；有的人是一想到家就想到屋檐下不得不低头的不自由，一提到结婚便大声叹息，婚姻将使自己失去阳光，再也灿烂不起来。

“我单身，但不独身；我有伴侣，但是不结婚。”广告公司白领小静说，“我们有确定的关系，我们享受浪漫的爱情，可是结婚后就不一定有这么美好的生活了。”婚姻太复杂，幸福的因素完全不像单身那么好控制，既然结婚不一定幸福，而自己目前的状态幸福得像花儿一样，那多一事还不如少一事。尤其是看了几个同学、同事上演结婚、离婚、再婚的“折腾”，她更加坚定了自己的不婚决心。

另外，由于现在社会上离婚率高，第三者插足、婚外恋等现象层出不穷，所以使得一些未婚男女的心理上产生阴影，固执地认为万一结婚后遇到这种情况的话，还不如不结婚。另外，结婚除了情爱、性爱以外，还需要婚姻中的人们承担一定的责任。而现代的一些年轻男女讲究个性，原来是自由的独身女人，突然要和一个男人朝夕相处，那个男人还要分享自己的私人空间、私人时间、财产等，因为不想就此被人管着，所以，她们才逃避婚姻。

凌菲拥有令人美慕的择偶条件，父亲开了一家外贸公司，妈妈是大学教授，自己则是一家物流公司的翻译。她思想前卫，个性鲜明，和当下很多年轻人一样，讲究小资情调和浪漫。她和男朋友亦轩是在一次商业合作中认识的，他是一家物流公司的副总，有钱、有房、有车，条件很好。两人的感情非常牢固。

在他们交往的3年中，亦轩曾不止一次向凌菲求婚，但凌菲总是找出各种各样的借口来回绝，不知道为什么总不肯答应。亦轩30岁生日这天，凌菲在玫瑰花和钻戒的攻势下，在众目睽睽之下，不得不答应亦轩的求婚。

决定了登记和婚礼的日期，凌菲感到非常后悔，她想到自己今后要和一个男人朝夕相处，觉得很害怕。在准备登记的那天，亦轩在她家楼下按着喇叭等她的时候，无论父母怎样劝说，她都不肯去。一向温文尔雅的亦轩得知后，终于愤怒了："三年了，三年来我对你的好，就只能得到这样的结果吗？"凌菲泪流满面，她知道，她和亦轩彻底完了。

"我喜欢这样的生活，偶尔通通电话，隔几个月互相探望一下，这已经能让我觉得他在我的生活中很重要。但想到真的每天都在一起，我感到害怕，我习惯了独处的生活，两个人在一起，温暖固然有，但自由就难免蒸发了。"凌菲如实地说。

"是不是不爱他？我仔细想过，他对我来说很重要，我甚至每天都想听到他的声音，但是这和婚姻无关。我喜欢他，但是喜欢并不需要结婚，对吧？"

凌菲是一个浪漫的人，她担心结婚以后，浪漫不复存在；她害怕甜蜜的爱情一旦回到现实当中，就会丧失许多的梦幻色彩；她害怕在围城中，体会到的不是爱情的升华，而是遥遥无期的、平淡而乏味的生活。

其实，恐婚的男女实际上都是一些理想主义者，他们所期待的是一种完美的生活，而事实上不管哪一种生活都要付出代价。恐婚女人往往会呈现出恐慌的表情。一般情况下女人担心的是婚后最初的家庭生活，其中包括和公公、婆婆、小姑及其他家庭成员关系的处理和协调；因为不会做家务，而担心别人挑剔自己。

心理专家说，"恐婚症"是一种很有代表性的现代社会心理疾病。现在的年轻人多是独生子女，一直以来都是习惯接受别人的关怀，自己并不擅长照顾别人和承担一些责任。当他们想到建立一个家庭需要夫妻共同承担责任和义务，还要处理好与另一方家人的关系，就会产生一种焦虑和紧张的情绪。这种社会氛围使尚未走入婚姻的人们感到一种无形的压力。对婚后生活的过多考虑在面临婚姻时的表现形式就是对结婚的恐惧和逃避，很多人因此推迟结婚，甚至宁愿独身，也不愿意“受罪”。

其实有了这种情绪的人也千万不要紧张。谨慎对待婚姻的想法是对的，但因为谨慎而放弃婚姻是不可取的。婚姻是一双鞋，合不合适只有自己知道。如果你拒绝穿鞋，也许避免了因为鞋子不合脚而磨出血泡，但也可能因赤足行走而踩到钉子上，到那个时候，你或许会意识到，婚姻其实也是对爱情的一种保护。结婚并且能幸福生活一生的人有很多，如果你不去尝试，怎么能体会到婚姻带来的快乐呢？

失恋了，转角还会遇到爱

失恋固然不是幸事，然而“塞翁失马，焉知非福”，所以，分手并非是坏事。现在失去的不是爱情的甜浆，而倒可能是日后难以下咽的苦酒。因此，没有必要为此烦恼，应该洒脱一些，应当友好地分手，说一声再见。

失恋是爱情的悲剧，对于任何男女来说都是一杯浓烈的苦酒，都会在灵魂深处烙上深深的伤痕，有时，这种不可言说的心理隐痛会一直伴随着他整个生命的旅程。

那些甜蜜、温存、美丽的回忆对没有分手的恋人的确是美丽的回忆，也许这也是爱情海誓山盟的基础；但是这些对于已经分手的恋人来说只是遗憾、无奈、痛苦。因为，人都是情感动物，而爱情又是那么的令人心醉神迷，所以，当这种纯净、圣洁的情感幻灭之时所给人带来的灵魂深处的骚动，当然也是痛苦的。

从心理学角度来说，失恋是青年时期最严重的挫折之一。失恋者常常陷入紧张消极的心理状态，内心感到痛苦、焦虑、彷徨，甚至茶饭不思、精神不振。这是一种在挫折面前欠缺恢复力的表现。

在恋爱中，双方均要分出一部分情感在对方身上，当对方突然离去时，情感的无着落就会使人产生被抛弃和分离的焦虑，也会让人的心里空空的，觉得很闷，生活不快乐。

对失恋的人来说，失恋最可怕的结果是把爱情埋葬，把生命慢慢晾干。人一旦失恋了，便觉得失去了这个唯一，对于将爱情视为生命的人来说，等于生命已离他远去。许多人在失恋后，总是不愿意接受现实，或者苦苦纠缠对方，让对方给个说法，或者久久困于失恋的打击中无法自拔，尤其是女人。

小米接到男友的电话，说想和小米分手，并请小米不要再和他联络。小米还没有缓过神来，男友已经挂了电话。再打，已经关机了，去他住的地方，房东说他已经搬走了。

两年前情人节的一束红玫瑰宣告他们进入了热恋中。可是，当她沉浸在甜蜜的爱情之中、爱得刻骨铭心之时，这个电话却断了她所有的美梦。

分手已经两个月了，小米很痛苦，做了很多努力想挽救，每天给他发短信、打电话，告诉他自己做错了，希望他能给彼此一个机会。但是这些都没有用。他根本不愿意多说些什么，有时候小米发了无数的短信，威胁他说要自杀，他才肯回一条短信，说他们之间已经成为过去，要她接受现实。小米很苦恼："我要的不是这样，我没办法接受他离开，我想他回到我身边。难道对他来说，过去的交往就真的不存在了吗？”

尽管男友已经明确地告诉小米，他们之间再无可能，可小米仍然坚信，只要自己把男友不喜欢的地方都改掉，男友就会回到自己身边。可遗憾的是，这些努力都没有用。在谈到男友为什么提出分手时，小米找出的原因是：她从前太任性了，从来都是男友顺着她，她常常不顾男友的感受。

小米仍然给男友发短信，小米的短信总是戏剧性地分为三个阶段——先是告诉男友自己很难过，哀求男友再给她一次机会；接下来爆发出一阵愤怒，怨恨男友离开了自己；最后，再以自杀、不吃饭等折磨自己的方法威胁男友，逼迫他做出决定，完全符合“一哭二闹三上吊”的规律。

她彷徨、失望、痛苦，她不理解，为什么昨天还是花前月下，而今天却要分手？她的理智和情感无法平衡。心理医生告诉小米，如果小米只关心分手这件事，是很难走出失恋的阴影的。但如果有其他一些有意的关系和事情来帮助小米恢复自信，就容易得多。小米这时候才发现，就连最好的朋友，也不是特别了解她最近的状况，和男友分手的这两个月来，她越来越不愿意和人说话，更别提去发展有意义的人际关系了。

诚然，爱情破裂，被对方拒绝，失去自己的意中人，会让人痛彻心扉。尤其是平常就内向、孤僻、抑郁、脆弱的人，失恋更容易使他们产生自卑的情绪，内心伤痕很深，痛苦持久且不易解脱。而外向、个人主义、自我中心的人分手后易暴怒，使他们由愤怒到绝望，严重的甚至寻机报复。那么，如何才能摆脱这种痛苦，迈向新生活呢？

冷静分析一下失恋的根本原因。虽然从失恋后的心理状态来讲，要做到这一点很不容易。但是，人的情绪是以认识为前提的，它受意识、理智的调节和控制，所以人完全可以用理智来驾驭自己的情绪。理智的分析可帮助摆脱失恋的苦恼。对这份逝去的感情多多反省，试着问自己：我是怎样的人？问题出在哪里？是沟通方式还是价值观差异？在思考中，提炼出有助于成长的力量，从中找回你的感激能力，加速你心理创伤的恢复。

失恋固然不是幸事，然而“塞翁失马，焉知非福”，所以，分手并非是坏事。现在失去的不是爱情的甜浆，而可能是日后难以下咽的苦酒。因此，没有必要为此烦恼，应该洒脱一些，应当友好地分手，说一声再见。

摆脱失恋心理必须靠我们自己，而且没有任何良方，全靠失恋者自我调适。爱情是风险投资，难免有去无回，失恋是再正常不过的事情。既然不能在一起，总有不能在一起的理由。不能因为别人负了你，你就不负责任地游戏、报复或是堕落，自己演的戏，总是要自己收场的。何况，他不爱你，你做什么他都不会在乎。要拿得起，放得下，该断则断，该忘记的，就把它忘记。

时间是治疗伤痛的良药，时间之所以能治疗伤痛，是因为爱情本身就是动态的，我们对爱情、伴侣的期待就是在一次次尝试错误的过程中，慢慢修正，并且使它更符合现实。你可以将分手看做是一次伤害、危机，也可能将它看做是成长的契机，通往最终幸福的道路。

放养男人，给爱情放个假

心理学家指出，人人都有“公众自我”和“私人自我”，也就是说，我们在人前是一个样子，而内心世界中又会存在另一个自我，即使面对伴侣，也会隐藏一部分“私人自我”。在爱情里，往往会讲究“距离美”。两人朝夕相对，免不了会产生视觉疲劳，这时候，需要来一点若即若离的感觉。这样既保持了恋爱时相对的独立性和自由性，还会激发相互间的吸引力。

生物学家曾做了这样一个实验，把十几只刺猬放到寒冷的户外空地上，为了取暖它们只好紧紧地靠在一起。而这些刺猬相互靠拢后又因为忍受不了彼此身上的长刺，很快就又各自分开了。反复几次后，刺猬们终于找到了一个适中的距离，既可以相互取暖，又不至于被彼此刺伤。这就是著名的刺猬理论。

男人和女人之间，永远都有一场不见硝烟的战争。钱钟书先生的《围城》中有这样一句话：“女人的职业就是看守好她们的丈夫，所以，没有丈夫的女人，就等于失业。”有些婚后的女人把男人看得太重了，恨不得把男人紧紧拴在自己的身边，似乎只有把自己当作男人的影子才能生存。

在对待男人的问题上，有的女人放任男人，使其像一匹脱缰的野马奔跑在“鲜花”烂漫的社会里；但更多的女人是在男人的脖子上套一个“枷锁”，任他们心不甘情不愿，也不许他们处处“留香”。

现实生活中，越来越多的婚姻在束缚和反束缚中走向死亡。婚姻捆得越紧，挣扎得就越厉害。由于女人管得太严，在男人身边砌上了一堵“无形”的墙，甚至给他们戴上枷锁，让他们受着“有妻徒刑”的煎熬。如此重压下的男人，整天想的是怎么做一只解禁的鸟，如何背着女人干些坏事以解恨，一旦逮到机会，就会变本加厉地“犯错”，而且毫无愧疚感。

这天傍晚，想到丈夫没有带伞，阿珍赶紧打车直奔丈夫公司。途径一家西点店时，她特意下车去给爱吃甜食的丈夫买甜点。谁知刚进门，就看见了天下妻子最不愿意看见的一幕：昏暗的烛光下，丈夫正含情脉脉地和邻座女人相谈正欢，丈夫还深情地为她擦嘴角。那一刻，阿珍一下子像被雷击了般怔住了，半天才反应过来，转身就冲进瓢泼的大雨中……

刚结婚的时候，丈夫从事的工作与专业不对口，待遇也很一般，前途更是渺茫。为了能让他进对口的大公司，她四处奔波。丈夫进了大公司，待遇也翻了两番。当丈夫有随遇而安的想法时，阿珍便会耐着性子启发他：“我们没有关系可以仰仗，只有提高自己的学历，才能提高竞争力。”在她的督促下，丈夫只得报了一个在职MBA，两年后他就升职了。阿珍有时候想想都觉得满足，可现在丈夫竟然变心了。

她呆呆地坐在房间里，想看丈夫怎么解释。晚上11点，丈夫一身酒气回来了，他一见阿珍就说：“我在西点店看见你了。我和她已经来往半年了，她爱我。”阿珍一听这话就更加愤怒了：“难道我不爱你？你穿的是名牌西服，而我穿的是普通地摊货；你出去吃大餐，我在家带孩子，吃的是面条。你摸着自己的良心想想，你今天能混得风光体面，哪一步没有我的付出？”

没想到，丈夫不耐烦地说："你这不是爱，你这是控制！念 MBA 时，我白天搞研发，晚上学习，累得我只想把电脑砸了；由于太紧张，我患上了脂溢性皮炎，头发一把一把地掉；好不容易功成名就，我想放松一下的时候，你却在那儿念紧箍咒，念叨什么不进则退……这所有的一切不都是为了你那可笑的虚荣心吗？"

可能是想一次性发泄对阿珍的不满，他继续控诉："我所有的收入都上交，连买双袜子也要经过你同意。上次我堂哥从乡下来，抖烟灰的时候不就是把你新买的地毯烧了个小小的洞，你却大发雷霆，让堂哥再也不敢踏进我们家门。当年我上大学他可是为我卖过血的啊！"

"有时候我晚下班半个小时，你就往公司打电话；我准备要出差了，你忙着打电话向同事打招呼，拜托诸位帮忙看着；回到家里，所有的衣物你都要检查，甚至还要用鼻子嗅来嗅去，似乎没有闻到香水味你就不甘心……"他满嘴喷着酒气，凶巴巴地站在阿珍跟前。

阿珍听完丈夫的心里话以后，泪流满面：原来，我所做的一切丈夫并不领情。

作为妻子，如果阿珍情商足够高，够聪明的话，就不会做这些蠢事。聪明的女人会给男人空间，让他有自己的朋友圈，有自己的势力范围。女人心里要清楚，男人靠管是管不住的，男人要是真的变起心来 10 匹马也拉不回来。而享受到了自由，自然也就会知恩图报，时时想着回家的路。

如果一个男人下班就回家，没有朋友，也不去交朋友，那不是男人的失败，而是女人的悲哀。在男人的天性里，总是保留着一些青春期的特性，越控制越反叛，越想套牢他，他就逃得越远。放养你们的爱情，给对方充分的个人空间和自由独立，你们的爱情才不会沦落到戴着脚镣跳舞的境地。

合适的距离才能让彼此幸福，作为女人，不要肆意地去盘问或偷窥男人的隐私。作为两个不同的个体，注定了每个人都有一个小小的“私人”空间留给自己。没有一点自由的空间，只会让对方感到压抑和无所适从。三毛曾经说：“我的心有很多房间，荷西也只是进来坐一坐。”不要每天都想要黏在对方的身边，留一点时间让爱人去想念，想念会让爱情升温，何乐而不为？

形影不离固然不错，但适度分离也许能更添思念。女人不应该把婚姻当作自己唯一的精神寄托，应该先给自己留有空间，在婚外保持正常的朋友圈子；在工作、交往中不断提升自己的人生阅历，不断调整自己。女人要扩大自己的社交圈，拥有属于自己的空间，要知道，男人永远不是自己的全部。女人如果把全部的心思都放在男人的身上，容易在爱情中迷失自我。

爱情犹如橡皮筋，不能总是绷紧了不放松。给爱情放假是现代人面对恋爱、生活的一种全新的生活态度，在张弛有度的调节中，你们的爱情之树才能茁壮成长。在爱情“休假”时，彼此都可以伸展双臂，透透气。男人可以和他的朋友一起去酒吧畅聊，女人可以邀上三五个知己，聊天、逛街，做自己喜欢做的事，留些时间给自己独享，何乐而不为呢？

别让“七年之痒”使爱情搁浅

“七年之痒”是一个婚姻中难以避免的怪圈，结婚久了，新鲜感丧失，恋爱时的浪漫和激情会逐渐被琐碎的生活细节所替代，双方身上的缺点也一一暴露，于是，摩擦、争吵、厌倦甚至是绝望也就出现了。

婚姻头3年是磨合期，第7年是危险期，10年后是倦怠期。在最初的两三年内大家处在磨合期，尚怀包容之心；六七年时都知道很危险，所以怀有谨慎之心；到了10年以后，大家都觉得对方就像自己的左右手，以为亲情已经取代了爱情，所以以前不成问题的小事也会拿出来吵闹一番，婚姻便容易产生危机，使夫妻双方出现情感裂痕，导致第三者乘虚而入。再加上结婚10年，夫妻无论在外形上还是为人处世上，都变得与结婚时差别很大，两人个性、人生观、金钱观、对待教育孩子的态度、处理压力的方式等各方面的差异均会在这一时期毫无保留地暴露出来，这其中任何一个问题可能都足以让婚姻瘫痪。

经历了多年风雨的婚姻，激情渐渐消退，如果双方的心态不及时调整，就可能给外遇的出现创造机会，尤其是男人。因为男人克服了青年时期的幼稚和狂热，拥有了中年人的才干与阅历，并且具有审时度势的睿智。这些成熟的表现一方面让他们在事业上不断崭露头角，吸引了年轻异性的崇拜；另一方面会让他们越来越无法满足于原来安安稳稳的婚姻状况，希望谋求新的变化。如果这时候妻子不及时调整自己的状态，男人很可能就会被周围出现的年轻女人吸引，导致感情出轨。

夫妻间的冲突和危机多种多样，最严重的便是婚外恋。婚外恋，是指已有配偶一方与第三者发生恋爱关系的行为。这种情况较多地发生在草率结婚、勉强维持的婚姻中或性格极端冲突的家庭里。

男人婚外恋是为了寻求新奇感，挡不住女人的诱惑，特别是在夫妻生活不协调时，找妻子倾诉却得不到回应，便通过发展情人来弥补妻子的不足。而女人婚外恋的原因主要是为了情和利。当生活中出现了一位比丈夫更关心、更赞赏自己的异性，从他那里可以得到丈夫不曾给予的情爱和温暖，于是便委身报答。

更可怕的是，一些女人在生完小孩后，都有着“保险箱心理”和懈怠心理，认为“革命”已经成功，所以衣着随便，不再注意修饰。也许女人已经太习惯男人的存在了，当女人因为工作或孩子而对男人疏于关心时，几乎忘了他也是个脆弱的人，他需要陪伴，需要赞美，需要安慰。如果在家里找不到这些，他就有可能绕开对他“视若无睹”的你，到外面去找别的女人。

发生婚外恋的心理因素多种多样，又具有性别差异，一定要有针对性地进行疏导。最佳的决策就是把第三者当作自己的竞争对手，增加自己的吸引力，让爱人从自己这里得到更多的爱，检讨自己的过失，满足爱人的合理要求，用爱和道德唤回对方的爱，用昔日的恩爱和今日的大度宽容使对方迷途知返。

今年40岁的李女士从北京出差回到家里，为了给丈夫一个惊喜，故意没有告诉他回来的确切时间。回到家，她发现钥匙怎么也打不开门，靠近一听，却听见了门内男女的嬉闹声。她瞬间明白了什么，只觉得头一下子胀得老大，腿都有点发抖了。冷静下来后，她没有像泼妇一样砸门，冲进去撒泼，而是硬撑着打车回了娘家。

躺在床上，她心里很复杂，泪水打湿了枕巾。她想到了离婚，但是想到昔日家庭的温馨，想到曾经给予自己关爱的丈夫和天真可爱的孩子，她犹豫了。她想到以前和丈夫的点滴，洗碗的时候，丈夫从身后搂住她，她却不耐烦地推开他说：“结婚这么多年了，还来这一套啊！”老公听后灰溜溜地看书去了。当丈夫晚饭后邀请她去公园散步时，她用挖苦的语气说：“你倒是挺悠闲的，尿布没洗、地还没拖……”夜深人静的时候，当丈夫想要“一尽鱼水之欢”时，她总是冷冷地推开他：“去去去，别弄醒了咱们儿子。”她顿时悔悟，原来，是自己忽略丈夫太久了。

冷静过后，她打电话给丈夫，告诉他她曾回过家，已经知道发生了什么事。如果他决定离婚，她会尊重他的决定，如果他对这个家依然眷恋，她会给他一次机会。随后的日子，她一如既往地上班、带孩子、做家务。她偶尔会送杯咖啡给正在写作的他；偶尔做个消夜给深夜还在加班的他；当他舒展筋骨时，她会从后面抱紧他；每逢假日，一家三口会去公园野炊、郊游……

不知不觉，那位插足的女人已经悄然隐退，丈夫有外遇的阴影烟消云散。

一般情况下，要相信自己爱的能力，善于发现自己的优势，理智思考各方面的关系，冷静地处理各种问题。“醋海生波”、打闹、冷淡对方，闹离婚，这样会将对方生生推向第三者的怀抱，而断了自己的后路。当爱人有了外遇，一定要洁身自好，更不可以其人之道还治其人之身。

有时候婚姻的另一方不小心撒了谎，大可不必刻意去揭穿他，更不用和他拼命，就算你洞悉一切，你仍然可以傻傻地笑着说：我只是担心你。潜台词就是我知道，但我不打算计较。

聪明的女人也不应该只顾着在孩子身上倾注时间和精力，不要因为有了孩子而冷落了丈夫。应该发自内心地为丈夫做些什么，哪怕是一个拥抱、一个笑容、一个亲吻，都有让他体会到女人的温情，有效地避免男人那颗不安分的心因为备受冷落而愈加蠢蠢欲动。

聪明的女人，三分流水二分尘，不会把所有的事都追究个一清二楚，就算你天生有一双火眼金睛，世事洞明，到头来伤了的不仅仅是眼睛，还会连累婚姻。只要把握住婚姻生活的大方向，不让它偏离正常的轨道，不偏离道德的航线，试试在小事上装一次傻，说不定你会爱上“装傻”这种生活方式，因为这种方式离幸福最近。

给爱情保鲜，让幸福长存

对女人来说，男人都是喜欢神秘、喜欢刺激的，因为未知的精彩、冒险的挑战，会激发出男人不断探索的兴趣。爱情中的女人要好好地利用男人的这种心理，在与男人的“较量”中保持若即若离的神秘感，让男人始终对你兴趣盎然。

幸福递减定律中所谓的“幸福递减率”又叫“边际效益递减”。一个很饿的人在吃第 1 个馒头的时候是最幸福的；当他吃第 2 个馒头时，这种幸福的感觉就会变淡一些；等吃到第 3、第 4 个馒头的时候，他已经快饱了，所以对馒头的味道已经变得麻木了；第 5 个、第 6 个时，他已经很撑了；当吃到第 7 个馒头时，他肯定会觉得馒头实在是很难吃，不仅再无快乐，而且会成为一种负担。

幸福递减定律告诉我们，同一个人在不同的时间里对于同样的事物会有不同的感受，同样的物品对处于不同需求状态的人，其幸福效应是不一样的。爱情中的男女也是一样，一开始总是会觉得兴奋又甜蜜，总会感到无与伦比的幸福和满足，恋爱双方也总是尽量满足对方的期望，花工夫来让自己的行为符合对方的想法。他们几乎出双入对、形影不离，经常尽可能地待在一起，什么事都一起做。

当最初的狂热消失后，双方便开始对单调乏味的生活感到厌倦，开始抱怨彼此的行为，对未来的美好期望也开始有所动摇。其实他们的生活是没有改变的，只是他们的心态变了。就像那个吃馒头的人，馒头的味道没变，只是因为一直不停地重复吃一种东西，就会心生厌倦，我们的幸福感自然也会逐渐降低。

如何才能改变这种现状，让幸福不再递减？答案就是制造新鲜感。

伊凡和女友相恋8年了，可这场爱情的马拉松他俩跑得一点也不辛苦。伊凡是个经营爱情的高手，他深知就算是再轰轰烈烈的爱情，随着时间的流逝也会归于平淡。于是他从来不等着爱情降温，而是主动为爱情添柴加火，给爱情保鲜。

这天，他和女友约好下午6点见面，可是为了给女友制造一点惊喜，他故意打电话说路上堵车，估计得晚到十几分钟，后来又打电话说堵车堵得太厉害，估计得6点半才能到。听得出来，女友已经有些生气了。其实，他就站在女友背后不远处给她打电话，装作很无辜的音调说："亲爱的，真对不起，那车堵着就不走了，你……别生气啊！"女友有些急了："明知道周末车多，你干吗不早点出门呢？你这个人真是太……"还没等她把话说完，他的一个吻已经亲在女友脸上了。女友转身一看，才反应过来原来他说堵车是骗人的，原本委屈的脸上一下子挂满了幸福的微笑。

伊凡还非常善于在一些生活小事上制造惊喜，比如他会偶尔给女朋友买个小礼物，有时亲自给她做一餐饭，或是一起去旅游，甚至还故意让女友吃些“醋”。就因为这样，他俩的爱情不仅没有因为时间而变得枯燥乏味，反而变得更加充满爱意。幸福在他们这儿不是递减，而是递增。

吸引力是爱情的保鲜剂，爱情一旦没了吸引力为它保鲜，就很容易变质甚至死亡，而吸引力又需要靠新鲜感来维持。所以，我们应该努力让爱情充满新鲜感。那究竟应该从哪些方面来为爱情保鲜呢？

（1）改变自己或者改变造型，增加自己的见识，使得在和对方的交谈中总有新的内容可讲。

（2）参加冒险的活动。在特定的环境下，人们会从恐惧感中得到快感。当你和你的爱人一起去“冒险”时，你们会感觉双方是手牵手一起克服困难的。冒险，让你们的生活掀起波澜。

（3）做些和平常不一样的举动，如果和恋人一起出去玩，你可以假装和他走散，让他找你半天；或者出去玩儿时拍一些搞笑的相片，让彼此感觉都回到了小时候那种毫无顾忌的时刻。

（4）分享一个秘密，不时告诉对方一个秘密，这些秘密可以是很小的事情，但是这样的形式的确是很不错的。秘密能刺激对方的神经，使其兴奋，增加你们的感情。

（5）重温第一次约会的场景，重现第一次约会的情景，一定会让你收获很多意想不到的快乐。比如在那天你可以洒上同样的香水，穿着当时风格相近的衣服，摆出和第一次约会时一样傻傻的表情。那你们的心情肯定也会和第一次一样充满紧张感和刺激感。

（6）学会制造浪漫情调，你可以在屋里藏好一份礼物，让他在不经意间发现；或是制造一些桥段，让他感受到你对他浓浓的爱意。

随着时间的推移，恋爱初始的激情在岁月的长河里会逐渐失去它应有的光芒，没有了新鲜感的爱情就显得平淡了。在忙碌的生活中，人们往往忽略为爱情保鲜，当发现爱已走远时，才慌张地想进行挽救。

没有感到幸福，往往不是因为没有得到幸福，而是你的感官味蕾失去了对幸福的敏感。不想让幸福感递减，就多花点心思、多用点智慧为你的爱情浇水施肥，让爱情永远新鲜。

先肯定再认同，改造男人其实不难

女人结婚后都有一种奢望：希望丈夫与自己同呼吸、共命运，保持步调一致，生活习惯一样。女人永远不会满意自己的男人，她们总是希望以自己的思想、认知、愿望来改造男人，让男人变成一个没有缺点、听话，一个和自己思想相似，没有坏毛病，不受诱惑、不近女色的男人。

但实际结果如何呢？费尽心机、磨破嘴皮、软硬兼施，招数用尽却总是收效甚微。比如抽烟喝酒，这无论如何都算不得是好习惯，女人有一千条理由要改造它，一切热衷于改造男人的女人几乎没有不在这里下工夫的，但实际上天底下的男人照样在抽烟和喝酒，女人想改造他们所花的工夫全白费了。

热切的期望能使被期望的人达到期望者的要求，这种心理规律就叫作“皮格马利翁效应”。女人需要以一种特殊的角度，用眼睛去看、用内心的爱去体察、用潜移默化的激励去影响他，让他自觉地改变自己。

为塑造心目中理想的男人，女人大都会挖空心思，采取五花八门的改造方式。女人固然做出了牺牲，却可能一无所获，因为，男人会本能地拒绝。女人认为这是出于爱，但男人的感觉却是另外一码事——他被女人牢牢地控制住了！他盼望的是爱，得到的却是否定。他会认为女人是在拒绝他，不接受他原来的面目。男人渴望充满爱意的信任和接受，只有这些才能使男人感觉幸福，从而完善自己，逐渐走向成熟。

江山易改，本性难移，何况人还有潜意识的心理追求，那就是要有自己的生活空间，不想时刻受到他人的干涉。通常情况下，妻子对丈夫高标准、严要求是可以理解的，问题在于高到什么高度，严到什么程度。如果丈夫通过努力能够“达标”，做妻子的又善于调动积极因素，这种期望往往不至于落空。如若做妻子的将标准定得太高，使老公有压力、背负担，甚至产生消极对抗情绪，那就不妙了。而聪明的女人会让自己变成一个鉴赏家，用爱、欣赏、激励去潜移默化地改变男人。

小歆刚结婚时，和大多数的女人一样，试图把老公改造成自己心目中理想的样子。小歆总是对她的闺密抱怨说：“你说男人怎么变化这么大呢？他算得上是‘全能型’人才了，抽烟、喝酒、打牌，不良嗜好样样俱全；不讲卫生，烟灰总是乱弹在地上也不扫，衣服、袜子老是乱丢。谈恋爱那会儿，他不是这样的啊？改造男人怎么就那么难呢？”

改造老公，小歆几乎使出了浑身解数，或吴侬软语或高声责骂，或热情如火或冷若冰霜，任凭小歆说破了嘴皮子也不见他有所改正，再说多了还会嫌她嘴碎、烦人。每天为这些生活琐事吵架拌嘴，让她开始对婚姻产生了怀疑。

这样生活引起了小歆深刻的思考，她开始有意识地激励老公。一天早晨，老公在小歆的一再督促下早早地将自己晚上乱扔的臭袜子洗了，还帮忙拖了地。小歆拍拍老公的肩膀说：“老公好样的，今天给你加10分！”老公还一头雾水：“加10分，什么意思啊？”小歆一脸得意：“我们家从今以后实行积分制度，首席执行官就是我，做得好加分，做得不好就减分，每月一小结，每季度一总结，积分多的有奖励，积分少的会有惩罚哦……”

自从实行积分制度后，老公的表现好了很多。这天晚上睡觉之前，小歆拿起笔在老公的“积分卡”上面加了10分。老公正迷惑着：“我一个晚上都躺在沙发上看电视，什么也没做啊？”小歆温柔地说：“今天晚上你一根烟也没有抽，这么自觉能不给你点奖励吗？一定要再接再厉哦！”老公受宠若惊地频频点头。在小歆的积分制度的激励中，老公身上的一些缺点、坏毛病有了很大的改观，两人的感情又回到了结婚前那么甜蜜。

因此，女人要想改变男人，首先就得让男人感受到她的爱，否则，就别指望男人会做出改变。“你要爱我现在的样子，而不是认为我这也不行，那也不是！”——这几乎是所有男人的想法。如果女人试图改造男人，男人会得到这样的信息：她要改造我，说明我不再是完美的伴侣，所以她才对我不满意。这会严重地伤害他的自尊心，甚至导致他由此产生戒心和敌意。

即使男人远远谈不上完美，但也需要女人真心真意地接受。女人要知道，帮助男人最好的方式，就是不要想当然地实施改造。只有这样，女人才能更容易地接受男人的缺点和不足，而不是斤斤计较、百般挑剔。

另外，别总想用自己的意志、性格、思想、兴趣、爱好和生活方式来把对方改造成更可爱、更模范、更理想的形象。人人都渴望被欣赏，而不是被雕刻。既然你已经选择了对方，就应该让对方保持固有的个性，发挥自己的特长。要知道，换谁都不愿意失去自我。因此，在接受对方的爱时，也要接受对方的缺点，接受“原装”的他。

哈佛大学著名心理学家兼哲学家威廉·詹姆斯说：“人类性情中最强烈的，是渴望受人认同。”心理暗示的作用真的非常神奇，如果你每天试着发自内心地肯定他，认同他，而不是唠叨或抱怨，你一定会发现，他在悄悄改变，而且正朝着你所希望的方向改变。

女人们，把你对他的期望告诉他，也听听他的想法。他觉得自己通过努力能达到，自然会“表现”给你看，如果他达不到，你有再高的期望又有什么用呢？